T. R. Nova

Meistere das Leben mit Histaminintoleranz

Bibliografische Information der Deutschen Nationalbibliothek:

Die Deutsche Nationalbibliothek verzeichnet diese Publikation in der Deutschen Nationalbibliografie; detaillierte bibliografische Daten sind im Internet über dnb.dnb.de abrufbar.
Die automatisierte Analyse des Werkes, um daraus Informationen insbesondere über Muster, Trends und Korrelationen gemäß §44b UrhG („Text und Data Mining") zu gewinnen, ist untersagt.

© 2024 T.R. Nova
Weitere Mitwirkende: Chat GPT
Verlag:
BoD · Books on Demand GmbH
In de Tarpen 42
22848 Norderstedt
Druck:
Libri Plureos GmbH
Friedensallee 273
22763 Hamburg

ISBN: 978-3-7597-7630-3

T. R. Nova, geboren 1996, lebt in einem malerischen Dorf und ist eine inspirierende Autorin, die ihre persönlichen Erfahrungen mit Histaminintoleranz in ihrem Buch teilt. Seit zwei Jahren navigiert sie durch die Herausforderungen dieser Erkrankung und hat es sich zur Aufgabe gemacht, anderen Betroffenen Mut und Hoffnung zu geben. Mit ihrem einfühlsamen Erfahrungsbericht und praktischen Ratschlägen bietet sie wertvolle Unterstützung für ein besseres Leben trotz gesundheitlicher Einschränkungen.

Dieses Buch widme ich allen, die mit der Herausforderung einer Histaminintoleranz leben. Es ist das Ergebnis zahlreicher Stunden der Recherche, des persönlichen Erlebens und des Lernens aus den Erfahrungen anderer Betroffener.

Mein Ziel ist es, Betroffenen und deren Angehörigen fundierte Informationen, praktische Ratschläge und konkrete Hilfestellungen an die Hand zu geben, um das Leben trotz der Einschränkungen bestmöglich zu gestalten. Möge dieses Buch helfen, die Zusammenhänge besser zu verstehen und eigene Strategien zu entwickeln, um die Lebensqualität zu verbessern.

Mit besten Wünschen

T.R. Nova

Inhaltsverzeichnis

Vorwort

Liebe Leserinnen und Leser,

Mein Name ist Tanja, ich bin 28 Jahre alt und leide unter Histaminintoleranz und Urtikaria (Nesselsucht). Wie so viele von euch habe ich einen langen und oft beschwerlichen Weg hinter mir. Es dauerte Jahre zu verstehen, was mit meinem Körper los ist und wie ich damit umgehen kann.

Dieses Buch ist aus meiner persönlichen Erfahrung entstanden. Ich bin keine Ärztin oder medizinisch ausgebildete Fachkraft, sondern eine Betroffene wie ihr. Ich habe all die Höhen und Tiefen durchlebt, die diese Erkrankung mit sich bringt, und möchte meine Geschichte mit euch teilen, um Mut zu machen und Hoffnung zu geben. Gleichzeitig hoffe ich, dass dieses Buch auch Angehörige der Betroffenen erreicht und mehr Verständnis schafft.

Zu Beginn meiner Reise fühlte ich mich oft allein und unverstanden. Ärzte konnten mir nicht immer weiterhelfen, und die Informationen, die ich fand, waren oft widersprüchlich oder unvollständig. Als wäre das nicht schon schlimm genug, hielt sich das Verständnis für meine Situation auch im privaten Umfeld sehr in Grenzen. Doch mit der Zeit und viel Eigeninitiative habe ich gelernt, wie ich meine Symptome lindern und meine Lebensqualität verbessern kann. Diese Erkenntnisse möchte ich an euch weitergeben.

Dieses Buch soll euch unterstützen, euren eigenen Weg zu finden und euer Leben trotz Histaminintoleranz zu genießen. Ich teile praktische Tipps, persönliche Erfahrungen und Strategien, die mir geholfen haben, wieder Freude am Essen und am Leben zu finden.

Es ist mir ein Herzensanliegen, anderen Betroffenen zu zeigen, dass sie nicht alleine sind und dass es immer einen Weg gibt, die Herausforderungen zu meistern. Lasst uns gemeinsam diese Reise antreten und unser Leben wieder in die Hand nehmen.

Mit Hoffnung und Zuversicht

Tanja

Einleitung

Histaminintoleranz ist eine komplexe und oft missverstandene Erkrankung, die zahlreiche Bereiche des täglichen Lebens beeinflussen kann. Viele Betroffene erleben über Jahre hinweg unspezifische Beschwerden und sind auf der Suche nach Antworten und Lösungen. Dieses Buch richtet sich an alle, die eine klare und verständliche Übersicht über diese Thematik suchen – sei es, weil sie selbst betroffen sind, weil sie Angehörige unterstützen möchten oder weil sie beruflich mit der Thematik in Berührung kommen.

Der Inhalt dieses Buches basiert auf meiner persönlichen Erfahrung als Betroffene und auf umfangreichen Recherchen. Die verschiedenen Kapitel decken ein breites Spektrum ab – von der Diagnose über den Alltag mit Histaminintoleranz bis hin zu gezielten Maßnahmen und Hilfsmitteln, die helfen können, die Symptome zu lindern.

Mir ist bewusst, dass es nicht den einen universellen Weg gibt, um mit dieser Erkrankung umzugehen. Jede Person ist individuell, und daher ist es wichtig, dass jede*r für sich selbst herausfindet, welche Strategien am besten funktionieren. Das Ziel dieses Buches ist es, eine umfassende Orientierung zu bieten und aufzuzeigen, welche Möglichkeiten es gibt, die Kontrolle über die eigene Gesundheit zu übernehmen und die Lebensqualität zu steigern.

Ich hoffe, dass dieses Buch nicht nur als Nachschlagewerk dient, sondern auch als Begleiter auf deinem persönlichen Weg zu mehr Wohlbefinden und Selbstbestimmung.

Mit besten Wünschen für deine Gesundheit und deinen Weg,

T.R. Nova

Kapitel 1: Mein Weg zur Diagnose

Die ersten Anzeichen

Schon in meiner Kindheit hatte ich immer wieder mit unangenehmen Bauchschmerzen zu kämpfen, insbesondere auf Geburtstagen oder anderen Feierlichkeiten. Ich fühlte mich häufig unwohl und litt unter Verdauungsbeschwerden.

Ich bin in einem kleinen Dorf aufgewachsen, wo ich – wie es bei den meisten Dorfkindern üblich ist – keine sterile Kinderstube hatte. Vielmehr verbrachte ich einen Großteil meiner Zeit in der freien Natur, in Wäldern und Wiesen, was sicherlich zur robusten Entwicklung meines Immunsystems beigetragen hat. Dennoch blieben die Ursachen für meine wiederkehrenden Beschwerden unklar. Trotz umfangreicher Untersuchungen konnten weder meine Familie noch die Ärzte eine eindeutige Ursache feststellen. Diese Ungewissheit begleitete mich durch meine gesamte Kindheit und Jugend.

Schulzeit und Ausbildung: Ein ständiger Kampf

In der Schule verschlimmerten sich meine Beschwerden. Ich war oft überfordert und erschöpft. Während meiner Ausbildung wurde die Situation noch schlimmer. Ich schlief immer schlechter und kämpfte immer wieder mit Infekten und Schmerzen. Mein Immunsystem schien gegen mich zu arbeiten. Die Ärzte diagnostizierten verschiedenste Dinge, von chronischer Müdigkeit bis hin zu psychosomatischen Beschwerden, aber kein Behandlungsansatz half wirklich.

Zusätzlich zu diesen Beschwerden traten in der Kindheit, während der Jugend und in der Ausbildung immer wieder Herzrhythmusstörungen auf. Diese Herzprobleme waren beängstigend und für die Ärzte ein weiteres Rätsel. Sie konnten keine klare Ursache finden und so wurde ich zeitweise mit Blutdrucksenkern behandelt. Im Nachhinein weiß ich, dass diese Behandlung die Situation verschlimmert hat, da einige Medikamente die Histaminausschüttung fördern.

Der Tiefpunkt

Die ständige Krankheitsanfälligkeit und das Gefühl, dass mein Körper mich im Stich ließ, führten schließlich dazu, dass ich in eine tiefe Depression abrutschte. Ich fühlte mich kraftlos und hoffnungslos. Auch eine psychosomatische Reha brachte keine langfristige Besserung. Ich hatte das Gefühl, als ob mein Körper mir ein Rätsel aufgab, das ich nicht lösen konnte. Es war eine Zeit voller Verzweiflung und Frustration.

Die Wende: Die Diagnose

Die erlösende Wende kam vor etwa zwei Jahren, als ich nach der Einnahme von Ibuprofen ein starkes Angioödem entwickelte und einige Wochen später mit einem anaphylaktischen Schock ins Krankenhaus eingeliefert wurde. Dies brachte die Ärzte endlich auf die Spur der Histaminintoleranz. Plötzlich ergab alles einen Sinn: die Bauchschmerzen, Hautausschläge, Kreislaufprobleme, Herzrhythmusstörungen, Depression und Schlafstörungen. Es war, als hätte sich ein Puzzle, das mich mein ganzes Leben begleitet hatte, endlich zusammengesetzt.

Seit der Diagnose hat sich mein Leben grundlegend verändert. Endlich wusste ich, was los war und konnte entsprechende Maßnahmen ergreifen, um mein Wohlbefinden zu verbessern. Ich begann, meine Ernährung umzustellen und histaminreiche Lebensmittel zu vermeiden. Auch bestimmte Medikamente, die Histamin freisetzten, wurden gemieden. Stück für Stück verbesserte sich mein Zustand. Zusätzlich habe ich meinen Lebensstil angepasst und verzichte nun auf Tabak.

Durch diese Veränderungen habe ich nicht nur meine Symptome deutlich lindern können, sondern auch eine neue Perspektive auf mein Leben gewonnen. Ich habe gelernt, dankbarer zu sein, wenn es mir gut geht, und mich über kleine Fortschritte zu freuen. Jeder kleine Schritt bringt mich meinem großen Ziel näher: ein Leben mit weniger Einschränkungen und mehr Lebensqualität. Diese Erfahrung hat mir gezeigt, wie wichtig es ist, geduldig und positiv zu bleiben und sich kontinuierlich um die eigene Gesundheit zu kümmern.

Ein neues Lebensgefühl

Die Erkenntnis, dass ich selbst etwas tun kann, um meine Gesundheit zu verbessern, war eine enorme Erleichterung. Nach Jahren der Unsicherheit und des Leidens ohne klare Antworten, fühlte sich dieses Wissen wie ein Lichtblick in einer langen, dunklen Phase an. Ich hatte endlich ein klares Bild davon, was mit meinem Körper los war, und konnte gezielte Maßnahmen ergreifen, um meine Situation zu verbessern.

Es war, als ob ich plötzlich das Steuer meines Lebens wieder in den Händen hielt. Zum ersten Mal seit langem fühlte ich mich nicht mehr wie ein Opfer meiner Symptome, sondern wie eine aktive Gestalterin meines Wohlbefindens. Diese neu gewonnene Kontrolle über mein Leben gab mir nicht nur physische Erleichterung, sondern auch eine tiefgehende emotionale und mentale Befreiung.

Mit jedem kleinen Schritt, den ich unternahm – sei es die Umstellung meiner Ernährung, das Führen eines Ernährungstagebuchs oder das Ausprobieren neuer

Stressbewältigungstechniken – spürte ich eine spürbare Verbesserung meines Zustands. Diese Fortschritte, so klein sie manchmal auch waren, summierten sich zu einem bedeutenden Wandel. Jeder erfolgreiche Tag, an dem ich meine Symptome besser im Griff hatte, stärkte mein Vertrauen in meine Fähigkeit, mein Leben positiv zu beeinflussen.

Diese positive Rückkopplungsschleife – das Gefühl, dass meine Bemühungen tatsächlich Früchte trugen – war unglaublich motivierend. Es gab mir die Zuversicht, weiterzumachen und noch mehr über meine Erkrankung und die möglichen Bewältigungsstrategien zu lernen. Ich wurde proaktiver, recherchierte intensiver und probierte immer wieder neue Ansätze aus.

Das Wissen, dass ich nicht mehr hilflos war, sondern aktiv an meiner Genesung arbeiten konnte, verlieh mir eine ganz neue Lebensenergie. Ich fühlte mich ermächtigt, nicht nur meine Gesundheit, sondern auch andere Bereiche meines Lebens mit der gleichen Entschlossenheit und dem gleichen Optimismus anzugehen. Diese Erfahrung zeigte mir, wie wichtig es ist, geduldig und positiv zu bleiben und sich kontinuierlich um die eigene Gesundheit zu kümmern.

Insgesamt erlebte ich eine tiefgreifende Transformation. Von einer Person, die von ihren Symptomen überwältigt und entmutigt war, wurde ich zu jemandem, der trotz der Herausforderungen das Leben wieder mit Freude und Hoffnung betrachten konnte. Dieses neue Lebensgefühl hat mir nicht nur geholfen, meine Histaminintoleranz besser zu managen, sondern auch eine optimistischere und resilientere Einstellung gegenüber allen Herausforderungen des Lebens zu entwickeln.

Meine Mission: Anderen helfen

Mein Ziel ist es nun, anderen Betroffenen zu helfen. Ich möchte meine Geschichte teilen und Bewusstsein für Histaminintoleranz schaffen. Viele Menschen leiden jahrelang, ohne zu wissen, was mit ihnen los ist. Ich hoffe, dass meine Erfahrungen anderen Mut machen und ihnen helfen, ihr Leben wieder in die Hand zu nehmen. Es ist ein ständiger Lernprozess, aber es gibt Hoffnung und Lösungen. Und genau diese Hoffnung möchte ich weitergeben. Ich lade außerdem dazu ein, diese Reise mit Selbstliebe und Selbstakzeptanz zu beginnen. Es ergeben sich wunderbare Möglichkeiten, wenn man sich selbst an erste Stelle stellt und sich die

Zeit nimmt, seine Symptome und seinen Körper besser zu verstehen.

Kapitel 2: Was ist Histaminintoleranz?

Histaminintoleranz ist eine Stoffwechselstörung, bei der der Körper das biogene Amin Histamin nicht ausreichend abbauen kann. Dies liegt meist an einer verminderten Aktivität oder einem Mangel des Enzyms Diaminooxidase (DAO), das Histamin im Darm abbaut. Infolgedessen sammelt sich Histamin im Körper an und kann zahlreiche Beschwerden auslösen. Häufig reagieren Betroffene bereits auf geringe Mengen Histamin. Schätzungsweise 3% der Bevölkerung sind betroffen.

Ein Großteil der von Histaminintoleranz Betroffenen sind Frauen. Dies liegt an mehreren Faktoren, die mit hormonellen Schwankungen und geschlechtsspezifischen Unterschieden in der Histaminregulation zusammenhängen. Hier sind die Hauptgründe:

1. Hormonelle Schwankungen

Frauen erleben im Laufe ihres Lebens bedeutende hormonelle Veränderungen, insbesondere in Bezug auf Östrogen und Progesteron. Diese Hormone beeinflussen die Aktivität der Diaminoxidase (DAO), dem Hauptenzym, das Histamin im Körper abbaut. Während des Eisprungs und zu Beginn der Periode steigt der Östrogenspiegel, was die DAO-Aktivität hemmen kann und zu höheren Histaminspiegeln führt.

2. Schwangerschaft

Während der Schwangerschaft steigt die Produktion der DAO erheblich an, um das heranwachsende Kind zu schützen. Dies kann bei einigen Frauen zu einer vorübergehenden Linderung der Histaminintoleranzsymptome führen. Nach der Geburt normalisieren sich die Hormonspiegel und die DAO-Aktivität, was bei manchen Frauen zu einer Wiederkehr der Symptome führt.

3. Wechseljahre

Während der Wechseljahre erleben Frauen erhebliche hormonelle Veränderungen. Der Rückgang des Östrogens kann die DAO-Aktivität beeinflussen, was wiederum die Histaminspiegel im Körper beeinflusst. Einige Frauen bemerken, dass sich ihre Histaminintoleranzsymptome nach den Wechseljahren verbessern, während andere weiterhin betroffen sind.

4. Hormonelle Verhütungsmittel

Die Einnahme hormoneller Verhütungsmittel kann die Histaminspiegel beeinflussen. Einige Verhütungsmittel enthalten Östrogen, das die DAO-Aktivität hemmen und somit die Symptome einer Histaminintoleranz verschlimmern kann.

Der Grund, warum ein Großteil der Betroffenen bei Histaminintoleranz Frauen sind, liegt in den komplexen Wechselwirkungen zwischen Hormonen und dem Histaminstoffwechsel. Hormonelle Schwankungen, die durch den Menstruationszyklus, Schwangerschaft und Wechseljahre verursacht werden, spielen eine zentrale Rolle bei der Regulation der DAO-Aktivität und damit bei der Histaminintoleranz. Diese hormonellen Einflüsse machen Frauen anfälliger für Histaminintoleranz und deren Symptome.

Was ist Diaminoxidase (DAO)?

Diaminoxidase (DAO) ist ein Enzym, das Histamin im Darm abbaut. Es spielt eine wichtige Rolle im Immunsystem, bei der Regulierung der Magen-Darm-

Trakts und als Neurotransmitter im Gehirn.

DAO hilft, überschüssiges Histamin in harmlose Bestandteile zu zerlegen. Dies ist besonders wichtig für Menschen mit Histaminintoleranz oder einer erhöhten Empfindlichkeit gegenüber Histamin. Wenn DAO nicht richtig funktioniert oder nicht genug vorhanden ist, kann sich Histamin im Körper ansammeln und verschiedenste Symptome verursachen.

Was ist Histamin?

Histamin ist eine natürlich vorkommende Substanz, die in verschiedenen Lebensmitteln vorkommt und auch vom Körper selbst hergestellt wird. Es spielt ebenfalls eine wichtige Rolle im Immunsystem, als Neurotransmitter und bei der Regulierung der Magen-Darm-Tätigkeit. Es handelt sich um ein biogenes Amin, das aus der Aminosäure Histidin durch enzymatische Prozesse gebildet wird. Es wird in verschiedenen Zellen des Körpers, vor allem in Mastzellen, gespeichert und bei Bedarf freigesetzt. Eine genauere Erklärung zu den Mastzellen folgt später im Buch.

Histamin ist an zahlreichen physiologischen Prozessen

beteiligt, darunter:

Entzündungsreaktionen: wird als Reaktion auf Verletzungen oder Allergene freigesetzt. Es erweitert die Blutgefäße und erhöht deren Durchlässigkeit, was zu Schwellungen und Rötungen führt.

Regulation des Magens: stimuliert die Produktion von Magensäure.

Neurotransmission: Im Gehirn wirkt es als Neurotransmitter und beeinflusst Schlaf-Wach-Rhythmen, Appetit und Stimmung.

DAO ist ein wichtiges Enzym, das überschüssiges Histamin abbaut, um Symptome wie Kopfschmerzen und Hautausschläge zu verhindern. Histamin selbst ist eine Substanz, die in Lebensmitteln vorkommt und im Körper produziert wird, wo es viele wichtige Funktionen erfüllt.

Die Entdeckung von Histamin

Die erste Isolierung von Histamin gelang Wissenschaftlern im Jahr 1910. Sie stellten fest, dass Histamin eine

Reihe physiologischer Effekte im Körper hervorruft, insbesondere im Zusammenhang mit allergischen Reaktionen und Entzündungen. Henry Dale erhielt 1936 den Nobelpreis für Physiologie oder Medizin für seine Forschungen über chemische Übertragungsprozesse in den Nervenenden, wobei Histamin eine zentrale Rolle spielte. Diese Entdeckungen legten den Grundstein für die Erforschung von Histamin und seinen vielfältigen Rollen im menschlichen Körper.

Histamin übt seine Wirkung durch die Bindung an spezifische Rezeptoren aus, die auf den Oberflächen von Zellen vorhanden sind. Diese Rezeptoren wurden im Laufe des 20. Jahrhunderts entdeckt und klassifiziert:

H1-Rezeptoren: Diese wurden als erste entdeckt und sind hauptsächlich an allergischen Reaktionen und Entzündungsprozessen beteiligt. Die Erforschung begann in den 1930er Jahren, als man erkannte, dass Antihistaminika, die auf diese Rezeptoren wirken, allergische Symptome lindern können.

H2-Rezeptoren: Diese Rezeptoren wurden in den 1970er Jahren entdeckt und sind vor allem in der Magenschleimhaut zu finden. Sie spielen eine wichtige

Rolle bei der Regulation der Magensäureproduktion. Diese Entdeckung revolutionierte die Behandlung von Magengeschwüren und anderen säurebedingten Erkrankungen.

H3-Rezeptoren: Diese Rezeptoren wurden in den 1980er Jahren identifiziert und sind hauptsächlich im zentralen Nervensystem zu finden. Sie regulieren die Freisetzung von Histamin und anderen Neurotransmittern, was sie zu einem interessanten Ziel für die Erforschung neurologischer und psychiatrischer Erkrankungen macht.

H4-Rezeptoren: Die neuesten dieser Rezeptoren wurden in den frühen 2000er Jahren entdeckt. Sie sind vor allem in Knochenmarkszellen und weißen Blutkörperchen zu finden und spielen eine Rolle bei der Immunregulation und Entzündung. Ihre Erforschung könnte neue Ansätze für die Behandlung von entzündlichen und immunologischen Erkrankungen bieten.

Später werden wir die verschiedenen Rezeptoren und ihre Aufgaben noch genauer beleuchten.

Die Entwicklung des Verständnisses von Histaminintoleranz

Obwohl Histamin schon früh erforscht wurde, dauerte es viele Jahrzehnte, bis die medizinische Gemeinschaft die Bedeutung von Histaminintoleranz erkannte. In den 1950er und 1960er Jahren begannen Wissenschaftler, die Rolle von Histamin bei allergischen Reaktionen und Anaphylaxie zu verstehen. Zu dieser Zeit wurde jedoch Histaminintoleranz als eigenständige Erkrankung noch nicht anerkannt.

Erst in den späten 1980er und frühen 1990er Jahren begannen Forscher, das Konzept der Histaminintoleranz systematisch zu untersuchen. Ein wichtiger Meilenstein war die Entdeckung, dass bestimmte Menschen niedrige Spiegel des Enzyms Diaminoxidase (DAO) haben, welches für den Abbau von Histamin im Körper verantwortlich ist. Diese Erkenntnis half zu erklären, warum manche Menschen Symptome wie Kopfschmerzen, Hautrötungen und Magen-Darm-Beschwerden entwickeln, wenn sie histaminreiche Lebensmittel konsumieren.

Die Anerkennung als medizinische Diagnose

In den letzten zwei Jahrzehnten hat das Verständnis und die Anerkennung von Histaminintoleranz erheblich zugenommen. Medizinische Fachzeitschriften und Forschungsarbeiten haben dazu beigetragen, das Bewusstsein für diese Erkrankung zu schärfen. Es wurde erkannt, dass Histaminintoleranz eine vielfältige Symptomatik aufweisen kann, die von Kopfschmerzen über Hautreaktionen bis hin zu Magen-Darm-Beschwerden reicht.

Die Geschichte der Histaminintoleranz ist eine Geschichte der allmählichen Entdeckung und Anerkennung. Von den ersten Entdeckungen von Histamin Anfang des 20. Jahrhunderts bis zur modernen medizinischen Diagnose hat sich das Verständnis dieser Erkrankung kontinuierlich weiterentwickelt. Heute wissen wir, dass Histaminintoleranz eine reale und beeinträchtigende Erkrankung ist.

Mastzellen

Mastzellen sind weiße Blutkörperchen und spielen eine wichtige Rolle im Immunsystem, insbesondere bei allergischen Reaktionen und der Abwehr von Parasiten.

Sie entstehen im Knochenmark und befinden sich insbesondere in der Haut, den Atemwegen und im Verdauungstrakt.

Funktion

Mastzellen spielen eine Schlüsselrolle bei der Abwehr von Krankheitserregern und Parasiten sowie bei allergischen Reaktionen. Sie setzen Histamin, Heparin und andere entzündungsfördernde Substanzen frei.

Besonderheiten

Mastzellen sind vor allem in den Schleimhäuten und an den Grenzflächen des Körpers zu finden, wo sie als erste Verteidigungslinie gegen Eindringlinge wirken. Bei Kontakt mit einem Allergen setzen Mastzellen Histamin frei, was zu den bekannten Symptomen einer allergischen Reaktion wie Juckreiz, Schwellung und Rötung führt.

Insgesamt sind Mastzellen essenziell für die Immunantwort, insbesondere bei allergischen Reaktionen und der Bekämpfung von Parasiten. Ihre Aktivität kann jedoch auch unangenehme Symptome verursachen, wie sie bei Allergien und Asthma beobachtet werden.

Triggerfaktoren

Mastzellen können durch eine Vielzahl von Faktoren getriggert werden. Hier sind einige der häufigsten Auslöser:

- Allergene

- Pollen

- Hausstaubmilben

- Tierhaare

- Schimmelpilzsporen

- Insektengifte (z.B. Bienen- oder Wespenstiche)

- Nahrungsmittelallergene (z.B. Nüsse, Milchprodukte, Eier)

- Medikamente

- Nichtsteroidale Antirheumatika (NSAIDs) wie Aspirin und Ibuprofen

- Opioide (z.B. Morphin)

- Antibiotika (z.B. Penicillin)

- Kontrastmittel für Röntgen- oder MRT-Untersuchungen

- **Nahrungsmittel und Getränke**

- Histaminreiche Lebensmittel (z.B. gereifter Käse, Wurstwaren, Sauerkraut)

- Alkohol

- Lebensmittelzusatzstoffe (z.B. künstliche Farbstoffe, Konservierungsmittel)

- Physikalische Reize

- Kälte oder Hitze

- Druck oder Reibung auf der Haut

- Sonnenlicht

- Stress

- Emotionaler Stress

- Körperlicher Stress (z.B. intensives Training, oder Verletzung)

- Infektionen

- Bakterielle, virale oder parasitäre Infektionen

- Chemikalien und Umweltfaktoren

- Tabakrauch

- Umweltverschmutzung

- Parfüms und Duftstoffe

- Haushaltsreiniger

- Körperliche Zustände

- Hormonelle Veränderungen (z.B. Menstruation)

- Veränderungen im pH-Wert des Magens oder des Blutes

Stabilisierung von Mastzellen

Es gibt mehrere Strategien und Substanzen, die helfen können, Mastzellen zu stabilisieren und deren Aktivierung zu reduzieren. Hier sind einige der Wichtigsten:

Antihistaminika: Diese Medikamente blockieren die Histaminrezeptoren und reduzieren so die Wirkung von freigesetztem Histamin.

Quercetin: Ist in vielen Obst- und Gemüsesorten enthalten, z.B. in Zwiebeln, Äpfeln, Beeren, Trauben, Brokkoli, oder Grünkohl.

Vitamin C: Kann helfen, die Freisetzung von Histamin zu reduzieren.

Omega-3-Fettsäuren: Entzündungshemmende Fettsäuren, die in Fischöl und Leinsamen vorkommen und die Mastzellaktivität modulieren können.

Stressreduktion: Techniken wie Meditation, Qigong, oder Yoga können helfen, den Stresspegel zu senken und somit die Mastzellaktivierung zu reduzieren.

Vermeidung von Triggern: Identifikation und Vermeidung von bekannten Auslösern wie bestimmten Lebensmitteln, Umweltfaktoren oder Medikamenten.

Bestimmte probiotische Stämme, wie Lactobacillus rhamnosus und Bifidobacterium lactis, können die Darmgesundheit verbessern und die Immunantwort modulieren, was indirekt zur Stabilisierung von Mastzellen beitragen kann. Natürlich kommen diese Bakterienstämme in Joghurt, oder Kefir vor.

Moderate körperliche Aktivität wie Spaziergänge, oder moderates Krafttraining kann das Immunsystem stärken und Entzündungen reduzieren. Es ist jedoch wichtig, übermäßigen körperlichen Stress zu vermeiden, da dieser die Mastzellaktivierung auslösen kann.

Sowohl extreme Kälte als auch Hitze können Mastzellen aktivieren. Es ist ratsam, große

Temperaturunterschiede zu vermeiden.

Das Verständnis der Mastzellen war einer der größten Gamechanger im Kampf gegen die Symptome.
Durch die gezielte Stabilisierung der Mastzellen konnte ich die Freisetzung von Histamin deutlich reduzieren und meine Symptome extrem eindämmen. Das hat hat meine Lebensqualität erheblich verbessert und mir geholfen, meinen Alltag besser zu bewältigen.

Verbindung zu Histaminrezeptoren

Mastzellen stehen in enger Verbindung zu den Histaminrezeptoren.

Histaminrezeptoren sind Proteine, die auf bestimmten Zellen im Körper sitzen und auf Histamin reagieren. Es gibt vier Haupttypen von Histaminrezeptoren, die an verschiedenen Stellen im Körper vorkommen:

H1-Rezeptor: Haut, Blutgefäße, Atemwege, Gehirn
Funktion: Verursachen allergische Reaktionen wie Juckreiz und Schwellungen

H2-Rezeptoren: Magen, Herz, einige Teile des Gehirns

Funktion: Regulieren die Produktion von Magensäure

H3-Rezeptoren: Hauptsächlich im Gehirn
Funktion: Beeinflussen die Freisetzung von anderen
Botenstoffen im Gehirn.

H4-Rezeptoren: Knochenmark, Darm, einige Zellen
des Immunsystems
Funktion: Spielen eine Rolle bei Entzündungen und
Immunreaktionen.

Zusammengefasst sind Histaminrezeptoren entscheidend für die Wirkung von Histamin im Körper, einschließlich der Kontrolle von Entzündungen, der Regulation der Magensäuresekretion, der Neurotransmission und der Immunantwort. Die unterschiedlichen Rezeptortypen ermöglichen eine vielfältige und spezialisierte Reaktion in verschiedenen Geweben und Organen.

Ursachen der Histaminintoleranz

Histaminintoleranz entsteht, wenn der Abbau von Histamin im Körper gestört ist. Der Hauptmechanismus, durch den Histamin abgebaut wird, ist das Enzym

Diaminoxidase (DAO). DAO baut Histamin ab, das über die Nahrung aufgenommen wird. Eine verminderte Aktivität dieses Enzyms kann dazu führen, dass sich Histamin im Körper ansammelt und Symptome verursacht.

Neben dem über die Nahrung aufgenommenen Histamin produziert der Körper auch selbst Histamin. Eine übermäßige Freisetzung von körpereigenem Histamin, beispielsweise bei allergischen Reaktionen oder chronischen Entzündungen, kann ebenfalls zur Ausschüttung von Histamin beitragen und die Symptome einer Histaminintoleranz verschlimmern.

Die genauen Ursachen der Histaminintoleranz sind noch nicht gänzlich erforscht. Es wird angenommen, dass eine Kombination von genetischen, umweltbedingten und gesundheitlichen Faktoren eine Rolle spielt. Mögliche Ursachen für eine verminderte DAO-Aktivität sind:
Einige Menschen haben eine genetisch bedingte verminderte Produktion oder Aktivität von DAO.

Bestimmte Medikamente wie etwa einige Schmerzmittel, Antidepressiva und Blutdruckmittel können die DAO-Aktivität hemmen.

Darmkrankheiten wie Morbus Crohn, Zöliakie oder das Reizdarmsyndrom können die Produktion und Aktivität von DAO beeinträchtigen.

Symptome der Histaminintoleranz

Die Symptome einer Histaminintoleranz sind vielfältig und können viele Körpersysteme betreffen. Zu den häufigsten Symptomen gehören:

Gastrointestinale Beschwerden: Bauchschmerzen, Durchfall, Blähungen, Übelkeit und Erbrechen

Hautreaktionen: Juckreiz, Nesselsucht, Rötungen und Ekzeme, Angioödeme

Kopfschmerzen und Migräne: Viele Menschen mit Histaminintoleranz leiden unter chronischen Kopfschmerzen oder Migräne

Atemwegsbeschwerden: Nasenverstopfung, laufende Nase, Asthma und Atemnot

Herz-Kreislauf-Symptome: Herzklopfen, niedriger Blutdruck und Herzrhythmusstörungen

Neurologische Symptome: Müdigkeit, Erschöpfung, Schwindel, Angstzustände, Depressionen und Schlafstörungen.

Diese Symptome sind nur Beispiele und können in Intensität und Kombination von Person zu Person variieren. Die genaue Ausprägung hängt oft von der Menge an aufgenommenem Histamin und der individuellen Toleranzschwelle ab. Wichtig zu erwähnen ist, dass die Symptome nach wenigen Minuten oder auch erst nach 24 Stunden aufreten können.

Das liegt daran, dass die Histaminansammlung im Körper eine gewisse Zeit benötigt, um eine kritische Schwelle zu erreichen, die Symptome auslöst. Man kann sich den Histaminspiegel im Körper wie ein Fass vorstellen, das sich allmählich füllt. Sobald das Fass überläuft, treten Symptome auf. Dies hängt von mehreren Faktoren ab:

Verzögerte Freisetzung und Aufnahme: Nach dem Verzehr histaminhaltiger Lebensmittel oder Getränke wie Alkohol kann es einige Stunden dauern, bis das Histamin in den Blutkreislauf gelangt und sich auf das

zentrale Nervensystem und andere Körperteile aus-
wirkt.

Enzymatische Verarbeitung: Das Enzym Diaminoxidase (DAO) kann durch verschiedene Faktoren wie Alkohol blockiert oder gehemmt werden. Dies führt dazu,
dass Histamin langsamer abgebaut wird und länger im
Körper verbleibt.

Kumulative Wirkung: Wenn der Körper über den Tag
hinweg mehrere histaminhaltige Nahrungsmittel
aufnimmt, kann die Wirkung kumulativ sein. Das
bedeutet, dass der Histaminspiegel langsam ansteigt
und erst nach einer bestimmten Zeit Beschwerden
verursacht.

Verzögerte Immunantwort: Das Immunsystem kann
zeitverzögert auf erhöhte Histaminspiegel reagieren,
was dazu führt, dass Symptome wie Kopfschmerzen,
Gelenkschmerzen und Müdigkeit erst Stunden nach
dem Auslöser auftreten.

Metabolische Prozesse: Die Stoffwechselprozesse, die
Histamin im Körper abbauen, sind während der Nacht

langsamer, was die Symptome am nächsten Tag verstärken kann.

Eigene Erfahrungen

Bei einem Histaminüberschuss treten bei mir eine Vielzahl von Symptomen auf, die mein Wohlbefinden erheblich beeinträchtigen. Zunächst beginnen die Symptome meist mit tränenden Augen und einer laufenden Nase. Oftmals kommen Kreislaufprobleme hinzu, die durch das Auftreten von Quaddeln mit Juckreiz und gelegentlich einem Angioödem begleitet werden.

In manchen Fällen verspüre ich ein Gefühl der geistigen Benommenheit und einer eingeschränkten kognitiven Leistungsfähigkeit, das mit extremer Müdigkeit und Erschöpfung einhergeht. Bei schwereren Reaktionen treten zusätzlich Heiserkeit, Atemnot und trockener Husten auf. In solchen akuten Fällen alarmiere ich unverzüglich den Notarzt und nehme meine Notfallmedikation ein, die aus einem flüssigen Antihistaminikum, Cortison und einem Epipen (Adrenalinspritze) besteht. Diese Notfallmedikation verordnet ein Arzt je nach Krankheitsbild. Ich möchte eindeutig darauf hinweisen, dass nicht jeder mit Histaminintoleranz diese benötigt. Sollten sich die Symptome beispielsweise ausschließlich auf den Verdauungstrakt beschränken, wird der Arzt andere Empfehlungen geben.

Die Symptome eines Histaminüberschusses sind äußerst vielfältig und können auch auf andere Ursachen zurückzuführen sein. Daher ist es essenziell, sich selbst sorgfältig zu beobachten und die Symptome detailliert in einem Tagebuch festzuhalten. Durch diese kontinuierliche Dokumentation lernt man die individuelle Symptomatik besser einzuschätzen und rechtzeitig geeignete Maßnahmen zu ergreifen.

Bei mir treten die Beschwerden eines Histaminüberschusses teilweise erst am nächsten Tag auf. Zum Beispiel verursacht Alkohol in den meisten Fällen erst am folgenden Tag Probleme. Dann habe ich einen schlimmen Kater, begleitet von Gelenkschmerzen, die manchmal so stark sind, dass ich kaum aufstehen kann. Bei einer Histaminintoleranz verträgt man Alkohol schlecht, da dieser nicht nur selbst Histamin enthält, sondern auch die Freisetzung von Histamin im Körper fördert und den Abbau von Histamin hemmt.

Alkohol, insbesondere Rotwein und Bier, ist reich an biogenen Aminen, die den Histaminspiegel erhöhen.

Zudem blockiert Alkohol das Enzym Diaminoxidase (DAO). Dadurch steigt der Histaminspiegel im Körper, was zu den typischen Beschwerden führt. Der Kater wird dadurch noch schlimmer, da der Körper DAO auch zum Abbau von Alkohol benötigt. Wenn das Enzym durch den Histaminabbau bereits überlastet ist, kann es seine Funktion beim Alkoholabbau nicht mehr ausreichend erfüllen, was die Symptome weiter verschlimmert.

Diagnose und Behandlung

Die Diagnose einer Histaminintoleranz kann eine Herausforderung sein, da die Symptome unspezifisch sind und viele andere Erkrankungen ähnliche Beschwerden verursachen können. Ein detailliertes Ernährungstagebuch und die Beobachtung der Symptome können erste Hinweise liefern. Ein diagnostisches Verfahren zur eindeutigen Feststellung einer Histaminunverträglichkeit existiert nicht. Selbst der DAO-Wert im Blut liefert keine verlässlichen Hinweise, da die Zusammenhänge äußerst komplex sind. Daher erfolgt die Diagnose hauptsächlich durch eine gezielte Diät und anschließende Provokation.

Einige diagnostische Tests, die zur Bestätigung einer

Histaminintoleranz verwendet werden können, umfassen:

DAO-Bluttest: Dieser Test misst die Aktivität des Enzyms Diaminoxidase im Blut.

Histamin-Provokationstest: Bei diesem Test wird dem Patienten Histamin verabreicht, um zu beobachten, ob Symptome ausgelöst werden.

Allergietests: Diese helfen andere mögliche Ursachen für die Symptome auszuschließen.

Ernährungsumstellung

Die Behandlung der Histaminintoleranz besteht hauptsächlich aus der Vermeidung histaminreicher Lebensmittel und Anpassung des Lebensstils. Zu den histaminreichen Lebensmitteln zählen unter anderem:

- Kakao

- Hülsenfrüchte: Bohnen, Linsen, Kichererbsen, Sojabohnen und Sojaprodukte

- Tomaten: Frische Tomaten, Tomatensauce, Ketchup

- Spinat: Frischer Spinat, Tiefgekühlter Spinat

- Alkohol

- Tabak

- Eiweißreiche Lebensmittel: Lange gereifter Käse (z.B. Parmesan, Edamer), Geräucherte und gepökelte Fleischwaren (z.B. Salami, Schinken), Fisch (insbesondere Thunfisch, Makrele, Sardinen), Meeresfrüchte (z.B. Garnelen, Muscheln)

-Andere histaminreiche Lebensmittel: Essig und eingelegte Produkte, Fermentierte Lebensmittel (z.B. Sauerkraut, Kimchi), Hefeprodukte (z.B. Hefeextrakt, Marmite), Avocado, Auberginen, Trockenfrüchte (z.B. Rosinen, Aprikosen), Glutamat und andere künstliche Zusätze, Konservierungsstoffe (z.B. Benzoate, Sulfite), Farbstoffe (z.B. Tartrazin), Süßstoffe (z.B. Aspartam, Saccharin), Geschmacksverstärker und künstliche Aromen

Es ist wichtig, dass Personen mit Histaminintoleranz individuell herausfinden, welche Lebensmittel sie vertragen und welche nicht, da die Toleranzgrenze von Person zu Person variieren kann.

Zusätzlich können Nahrungsergänzungsmittel mit DAO helfen, den Histaminabbau zu unterstützen. Antihistaminika können ebenfalls verwendet werden, um akute Symptome zu lindern.

Bitte beachte, dass diese Lebensmittelliste nicht vollständig ist und dass es sehr verwirrend sein kann, herauszufinden, welche Lebensmittel man verträgt und welche nicht. Auch die Zubereitungsart kann einen Unterschied bei der Verträglichkeit ausmachen.

Ein Beispiel aus meiner eigenen Erfahrung: Ich vertrage keine hart gekochten Eier, aber wenn sie weich gekocht sind, kann ich sie gut essen. Und das hat folgende Gründe:

Erhaltung natürlicher Enzyme und Bakterien: Weich gekochte Eier werden bei einer niedrigeren Temperatur und kürzerer Zeit gekocht. Dadurch bleiben einige natürliche Enzyme und Bakterien erhalten, die bei der

Verdauung helfen können. Diese können dazu beitragen, dass der Körper die Eier leichter verarbeiten kann.

Veränderung der Proteine: Beim Kochen verändern sich die Proteine in den Eiern. Bei hart gekochten Eiern werden die Proteine durch die lange Kochzeit stärker verändert, was sie für den Körper schwieriger zu verdauen macht. In weich gekochten Eiern sind die Proteine weniger verändert und können dadurch leichter verdaut werden.

Textur und Konsistenz: Die weichere Textur von weich gekochten Eiern kann ebenfalls dazu beitragen, dass sie leichter zu verdauen sind. Hart gekochte Eier haben eine festere Konsistenz, die für einige Menschen schwerer verdaulich sein kann.

Ein ähnliches Phänomen beobachte ich bei Milch. H-Milch vertrage ich deutlich schlechter als Frischmilch. Auch das kann man erklären:

Veränderung der Proteine: H-Milch wird bei sehr hohen Temperaturen (mindestens 135°C) für einige Sekunden ultrahocherhitzt, um alle Mikroorganismen abzutöten und die Milch haltbar zu machen. Dieser

Prozess kann die Struktur der Milchproteine verändern, was sie für manche Menschen schwerer verdaulich macht.

Verlust von Enzymen: Während des Ultrahocherhitzens werden auch natürliche Enzyme in der Milch zerstört. Diese Enzyme, wie Laktase, können helfen, die Milch leichter zu verdauen. Frischmilch enthält mehr dieser natürlichen Enzyme, die den Verdauungsprozess unterstützen können.

Mikrobiom und natürliche Bakterien: In Frischmilch sind oft noch geringe Mengen natürlicher Bakterien enthalten, die eine positive Wirkung auf das Darmmikrobiom haben können. H-Milch hingegen ist praktisch steril, was bedeuten kann, dass diese positiven Effekte fehlen.

Außerdem vertrage ich Weizenprodukte sehr schlecht. Ich verwende nur noch Dinkelmehl – aus folgendem Grund:

Glutenstruktur: Dinkel enthält Gluten, genau wie Weizen, aber die Struktur des Glutens in Dinkel ist anders. Das Gluten in Dinkel ist oft leichter verdaulich und weniger entzündlich als das Gluten in modernem Weizen, was zu einer besseren Verträglichkeit führen kann.

Geringerer Gehalt an FODMAPs: Dinkel hat tendenziell einen niedrigeren Gehalt an FODMAPs (fermentierbare Oligo-, Di-, Monosaccharide und Polyole), die bei empfindlichen Personen zu Verdauungsproblemen wie Blähungen und Bauchschmerzen führen können. Dadurch kann Dinkel besser verträglich sein.

Nährstoffprofil: Dinkel ist reich an Ballaststoffen, Vitaminen und Mineralstoffen wie Magnesium und Zink, was die Verdauung und das allgemeine Wohlbefinden unterstützen kann. Diese Nährstoffe können eine gesunde Darmfunktion fördern und Verdauungsbeschwerden reduzieren.

Geringerer Anteil an modernen Züchtungen: Dinkel ist eine der älteren Getreidesorten und wurde weniger intensiv züchterisch verändert als moderner Weizen. Moderne Weizensorten wurden oft auf hohe Erträge und Backeigenschaften optimiert, was zu einer höheren Konzentration bestimmter Proteine und anderer Bestandteile führen kann, die Verdauungsprobleme verursachen können.

Langsame Kohlenhydrate: Dinkel enthält komplexe Kohlenhydrate, die langsamer verdaut werden als die in vielen modernen Weizensorten. Dies kann zu einem gleichmäßigeren Blutzuckerspiegel und einer insgesamt besseren Verdauung führen.

Außerdem vertrage ich Fleisch meistens schlecht. Das hat folgende Gründe:

Histamingehalt im Fleisch: Fleisch, insbesondere wenn es nicht frisch ist, kann hohe Histaminkonzentrationen entwickeln. Während der Lagerung und Reifung von Fleisch wird es durch mikrobielle Aktivität gebildet. Je länger das Fleisch gelagert wird, desto höher kann der Histamingehalt sein.

Zerfall von Aminosäuren: Bei der Zersetzung von Proteinen im Fleisch durch Bakterien werden Aminosäuren in biogene Amine wie Histamin umgewandelt. Besonders betroffen sind Wurstwaren, gepökeltes oder gereiftes Fleisch, die lange Zeit zum Reifen oder Pökeln benötigen und daher höhere Histaminwerte aufweisen können.

Industrielle Verarbeitung und Zusätze: Industriell

verarbeitetes Fleisch enthält häufig Zusatzstoffe wie Konservierungsmittel, Geschmacksverstärker und Farbstoffe, die ebenfalls Histamin freisetzen oder die Histaminabbaukapazität des Körpers beeinträchtigen können. Diese Zusätze können bei histaminintoleranten Personen zusätzliche Symptome auslösen.

Bitte zweifle nicht an dir und deinem Empfinden! Höre auf die Signale deines Körpers. Ich weiß, wie "doof" man manchmal angeschaut wird. Die Leute sagen zum Beispiel: "Stell dich nicht so an" oder "Das kann doch nicht dein Ernst sein" – doch, das kann es.

Es ist von größter Bedeutung, Lebensmittel möglichst frisch zu kaufen und auf die Zubereitungsart zu achten, um den Histamingehalt so gering wie möglich zu halten. Frische Lebensmittel enthalten weniger Histamin und können dadurch besser verträglich sein. Auch bei Obst und Gemüse kann der Reifegrad entscheiden, ob wir Symptome entwickeln, oder nicht.

Besonders bei Fleisch ist es ratsam, auf Frische zu achten und bevorzugt hochwertiges Fleisch vom Metzger zu kaufen, anstatt industriell verarbeitetes und lange gelagertes Fleisch zu konsumieren.

Ich kann nur empfehlen, den Fleischkonsum insgesamt zu reduzieren, aber dafür auf Qualität zu setzen. Achte immer auf die Signale deines Körpers und wähle Lebensmittel und Zubereitungsarten, die für dich am besten verträglich sind. Dein Wohlbefinden sollte stets an erster Stelle stehen.

Durch das Vermeiden histaminreicher Lebensmittel und gegebenenfalls die Unterstützung durch Nahrungsergänzungsmittel können die meisten Menschen mit Histaminintoleranz ihre Symptome erfolgreich kontrollieren und ein normales Leben führen. Da die genauen Ursachen noch nicht vollständig erforscht sind, bleibt die Wissenschaft in ständiger Untersuchung, um bessere Diagnose- und Behandlungsansätze zu entwickeln.

Kapitel 3: Schwierigkeiten im Alltag mit Histaminintoleranz

Das Leben mit Histaminintoleranz stellt Betroffene vor zahlreiche Herausforderungen. Die Lebensqualität kann erheblich eingeschränkt sein, da es oft zu Problemen in ganz alltäglichen Situationen kommt. Deshalb ist es besonders wichtig, individuelle Auslöser zu erkennen und zu meiden. Allerdings gibt es viele Faktoren, die schwer zu vermeiden sind, wie Hitze, Umweltgifte und Stress. In diesem Kapitel werden die alltäglichen Schwierigkeiten und Strategien zum Umgang damit beleuchtet.

Herausforderungen im Alltag

Eine der größten Herausforderungen für Menschen mit Histaminintoleranz ist die Ernährung. Da viele Lebensmittel Histamin enthalten oder dessen Freisetzung im Körper fördern, müssen Betroffene oft strenge Diäten einhalten.

Essengehen: In Restaurants ist es oft schwer, sichere Mahlzeiten zu finden. Viele Gerichte enthalten histaminreiche Zutaten oder werden mit Methoden zubereitet, die den Histamingehalt erhöhen. Außerdem werden oft zusätzlich Komponenten serviert, die nicht in der Karte stehen – beispielsweise Früchte zur Deko oder Salatbeilagen, die nicht eindeutig benannt wurden.

Das lange Warmhalten von Speisen, z.b. bei einem Buffet, führt zu einem drastischen Anstieg des Histamingehalts, was bei empfindlichen Personen schwere Reaktionen auslösen kann. Zusätzlich zur Histaminproblematik gibt es häufig Kontaminationsrisiken. Löffel, Gabeln und Kellen werden oft für verschiedene Gerichte verwendet, wodurch Spuren von histaminreichen Lebensmitteln auf histaminarme übertragen werden können. Auch in den Restaurantküchen sind separate Schneidbretter und Messer für jedes Gemüse selten. Dies erhöht das Risiko, dass histaminreiche Lebensmittel in Kontakt mit histaminarmen kommen und so ungewollt Reaktionen ausgelöst werden.

Lebensmittel sorgfältig auswählen: Der Einkauf von Lebensmitteln erfordert oft ein gründliches Lesen der Zutatenlisten und ein tiefes Verständnis für histaminreiche Lebensmittel.

Ein weiteres wichtiges Thema ist der Reifegrad von Obst und Gemüse. Bei Histaminintoleranz spielt dieser eine entscheidende Rolle. Manche Betroffene, wie ich selbst, vertragen Birnen und Pfirsiche nur, solange sie nicht zu reif sind. Der optimale Reifegrad ist jedoch oft schwer zu beurteilen. Daher empfiehlt es sich, kleinere Mengen zu kaufen, um stets frische und weniger reife Produkte zur Hand zu haben.

Außerdem ist es besonders wichtig, die Kühlkette einzuhalten, da sich der Histamingehalt in Lebensmitteln schnell erhöhen kann, wenn sie nicht richtig gelagert werden. Hier sind die Hauptgründe:

Bakterielle Aktivität: Histamin entsteht durch bakterielle Fermentation der Aminosäure Histidin. Wenn Lebensmittel nicht ausreichend gekühlt werden, können sich Bakterien schneller vermehren und den Histamingehalt erhöhen. Besonders bei Fisch, Fleisch und Milchprodukten ist dies relevant.

Vermeidung von Histaminbildung: Kühlung verlangsamt das Wachstum histaminproduzierender Bakterien und die enzymatische Aktivität, die zur Histaminbildung führt. Durch das Einhalten der Kühlkette wird die Produktion von Histamin minimiert und das Risiko für

Histaminintoleranz-Symptome reduziert.

Soziale Isolation

Die strikte Einhaltung einer histaminarmen Diät und die Notwendigkeit, spontane Aktivitäten zu vermeiden, können zu sozialer Isolation führen. Einladungen zu gemeinsamen Mahlzeiten oder geselligen Abenden werden oft mit Unsicherheit oder gar Angst beantwortet, da die Möglichkeit besteht, ungewollt Histamin aufzunehmen. Auch sportliche Aktivitäten können ein Hindernis darstellen, da die Mastzellenaktivität mit der Körpertemperatur steigt.

Umgang mit Umweltfaktoren

Ein weiterer schwieriger Aspekt im Alltag ist der Umgang mit Umweltfaktoren, die schwer zu kontrollieren sind. Dazu gehören:

Hitze: Hohe Temperaturen können die Histaminfreisetzung im Körper erhöhen und Symptome verschlimmern. Besonders im Sommer oder in heißen Klimazonen ist dies eine Herausforderung.

Umweltgifte: Schadstoffe in der Luft wie Abgase, Passivrauch oder Chemikalien können ebenfalls die Histaminfreisetzung fördern und Symptome auslösen.

Stress: Psychischer und physischer Stress sind bedeutende Auslöser für Histaminfreisetzung. Stressmanagement ist daher ein wichtiger Bestandteil im Umgang mit Histaminintoleranz.

Fazit

Das Leben mit Histaminintoleranz erfordert Anpassungen und Strategien, um die Lebensqualität trotz der Einschränkungen zu erhalten. Durch die Identifikation und Vermeidung individueller Auslöser, Anpassungen im Alltag und effektive Stressbewältigung können Betroffene die Herausforderungen meistern und ein möglichst normales Leben führen. Wichtig ist es, Verständnis und Unterstützung aus dem sozialen Umfeld zu suchen und nicht zu scheuen, Hilfe in Anspruch zu nehmen.

Kapitel 4: Maßnahmen und Hilfsmittel

Nachdem ich die Diagnose Histaminintoleranz erhielt, begann für mich eine herausfordernde, aber auch erhellende Reise. Es war klar, dass ich mein Leben umstellen musste, um die Symptome in den Griff zu bekommen. Im Folgenden möchte ich die Maßnahmen und Hilfsmittel beschreiben, die mir dabei geholfen haben.

Planung und Vorbereitung:
Das Mitbringen eigener, sicherer Lebensmittel zu Veranstaltungen oder bei Reisen kann helfen, unangenehme Situationen zu vermeiden.

Kommunikation:
Offene Gespräche mit Freund*innen, Familie und Kolleg*innen über die Erkrankung können das Verständnis erhöhen und soziale Isolation verringern.

Beobachtung der Umgebung:
Achtsamkeit gegenüber Umweltfaktoren und deren

Einfluss auf die Symptome kann helfen, problematische Situationen zu vermeiden.

Stressbewältigung:
Da Stress ein bedeutender Auslöser für Histaminfreisetzung ist, sind Techniken zur Stressbewältigung essenziell:

Entspannungstechniken:
Methoden wie Yoga, Meditation oder Atemübungen können helfen, den Stresspegel zu senken.

Zeitmanagement:
Eine gute Planung und Strukturierung des Tages kann helfen, Stresssituationen zu reduzieren.

Schlaf:
Der Körper regeneriert sich über Nacht. Achte daher unbedingt auf deine Schlafqualität.

Das Ernährungstagebuch: Mein wertvollstes Hilfsmittel

Das wichtigste und hilfreichste Werkzeug auf meinem Weg war zweifellos das Ernährungstagebuch, das ich über viele Monate hinweg akribisch geführt habe. Jeder Bissen, jedes Getränk und jede Reaktion meines Körpers wurde sorgfältig dokumentiert. Dies half mir, Muster zu erkennen und herauszufinden, welche Nahrungsmittel ich gut vertrage und welche ich meiden sollte.

In meinem Tagebuch notierte ich nicht nur die Nahrungsmittel, sondern auch die Tageszeit, den Zyklustag, Mengenangaben, Zubereitungsart und eventuelle Symptome, die im Anschluss auftraten. Diese detaillierte Aufzeichnung ermöglichte es mir, Zusammenhänge zwischen meiner Ernährung und meinen Beschwerden zu erkennen. Nach einiger Zeit hatte ich eine klare Vorstellung davon, welche Lebensmittel ich problemlos essen konnte und welche nicht. Wichtig ist auch, ob die Lebensmittel erneut erwärmt wurden, oder eingefroren waren. Ich vermeide es komplett eiweißreiche Speisen erneut zu erwärmen, denn:

Erhöhte Histaminbildung: Während des Aufwärmens können sich die Histaminwerte in Lebensmitteln erhöhen. Dies geschieht durch bakterielle Aktivität, die Histamin aus Aminosäuren freisetzt. Je öfter ein Lebensmittel aufgewärmt wird, desto höher kann der Histamingehalt werden.

Schnellere Vermehrung von Bakterien: Gekochte und dann abgekühlte Lebensmittel bieten einen idealen Nährboden für Bakterien, die Histamin produzieren können. Beim erneuten Erwärmen können diese Bakterien überleben und ihre Aktivität fortsetzen, wodurch noch mehr Histamin gebildet wird.

Verlust von Frische: Aufgewärmte Lebensmittel sind oft weniger frisch als frisch zubereitete Gerichte. Frische Lebensmittel haben in der Regel niedrigere Histaminwerte, da sie weniger Zeit hatten, Histamin durch mikrobiellen Abbau zu bilden. Je länger ein Lebensmittel gelagert und mehrfach aufgewärmt wird, desto mehr Histamin kann sich ansammeln.

Veränderung der Proteinstruktur: Durch das wiederholte Erhitzen können sich die Proteine in den Lebensmitteln weiter verändern, was die Verdauung und Verträglichkeit beeinträchtigen kann. Diese Veränderungen können dazu führen, dass der Körper empfindlicher auf das Lebensmittel reagiert.

Unterstützung durch eine Ernährungsberaterin

Nachdem ich genügend Daten gesammelt hatte, suchte

ich die Unterstützung einer spezialisierten Ernährungsberaterin. Sie half mir, meine Erkenntnisse aus dem Ernährungstagebuch zu analysieren und erstellte einen individuellen Ernährungsplan für mich. Durch ihre Expertise lernte ich, meine Ernährung so anzupassen, dass ich die Aufnahme von Histamin minimierte und dennoch eine ausgewogene und gesunde Ernährung beibehielt.

Meine Ernährungsberaterin stellte sicher, dass ich alle notwendigen Nährstoffe erhielt, trotz der Einschränkungen. Durch ihre Unterstützung fühlte ich mich sicherer und motivierter, meinen neuen Ernährungsweg konsequent zu verfolgen.

Antihistaminika: Eine zusätzliche Unterstützung

Neben der Ernährungsumstellung spielten auch Antihistaminika eine bedeutende Rolle bei der Kontrolle meiner Symptome. Diese Medikamente halfen mir, akute Beschwerden zu lindern und gaben mir die Möglichkeit, in bestimmten Situationen flexibler zu sein. Insbesondere in sozialen Situationen oder bei unvermeidlichen Ausnahmen in der Ernährung erwiesen sich Antihistaminika als äußerst nützlich.

Wissensaneignung: Die Macht der Information

Um meine Histaminintoleranz bestmöglich zu managen, investierte ich viel Zeit und Mühe in die Aneignung von Wissen. Ich las Blogs, durchstöberte wissenschaftliche Artikel und suchte Rat in Online-Foren. Jedes Stück Information, das ich fand, half mir, meine Situation besser zu verstehen und fundierte Entscheidungen zu treffen.

Fazit

Die Kontrolle meiner Histaminintoleranz war kein einfacher Weg, aber durch ein strukturiertes Ernährungstagebuch, die Unterstützung einer kompetenten Ernährungsberaterin, den Einsatz von Antihistaminika und die ständige Wissensaneignung konnte ich meine Symptome deutlich reduzieren und mein Leben wieder genießen. Es war und ist eine Reise, die Geduld, Ausdauer und Disziplin erfordert, aber letztendlich lohnenswert ist.

Mit diesen Maßnahmen und Hilfsmitteln habe ich nicht nur gelernt, mit meiner Histaminintoleranz zu leben, sondern auch mein Wohlbefinden aktiv zu verbessern. Die Erfahrung hat mich gestärkt und mir gezeigt, dass mit der richtigen Herangehensweise selbst herausfordernde gesundheitliche Probleme bewältigt werden können.

Kapitel 5: Alltagsstrategien

Die Bewältigung der Histaminintoleranz erfordert ein umfassendes Verständnis und sorgfältige Anpassungen im täglichen Leben. Nachfolgend erläutere ich die Maßnahmen, die ich in meinen Alltag integriert habe, um meine Symptome zu minimieren und mein Wohlbefinden zu maximieren.

Zyklus und hormonelle Schwankungen

Ein wichtiger Aspekt, auf den ich achte, ist mein Menstruationszyklus. Insbesondere kurz vor und während der Periode bin ich aufgrund des Östrogenanstiegs besonders empfindlich. Diese hormonellen Schwankungen können die Histaminintoleranz verschärfen, weshalb ich in dieser Zeit besonders sorgfältig auf meine Ernährung und meinen Lebensstil achte. Beispielsweise reagiere ich in dieser Zeit auch empfindlich auf Kosmetika und Haarfarbe. Deshalb plane ich beispielsweise meine Friseurbesuche immer in den ersten Zyklustagen.

Stressreduktion und Schlaf

Stress ist ein bekannter Verstärker von Histaminreaktionen. Daher ist es für mich essenziell wichtig, Stress zu reduzieren. Ich praktiziere regelmäßig Meditation und Yoga, um Körper und Geist zu beruhigen. Ausreichend Schlaf ist ebenfalls von großer Bedeutung, da der Körper in den Ruhephasen regeneriert und das Immunsystem stärkt.

Bewegung und Sport

Die richtige Bewegung ist ein weiterer wichtiger Faktor. Ich integriere Spaziergänge und Yoga in meinen Alltag, da diese sanfte Form der Bewegung hilft, Stress abzubauen und das Wohlbefinden zu steigern. Bei aktiveren Sportarten, wie z.B. Fußball, Zumba oder Kampfsport, kann es durch den Anstieg der Körpertemperatur zu Problemen kommen. Daher bin ich in diesen Situationen besonders achtsam und höre auf die Signale meines Körpers.

Ernährung und Einkauf

Die Qualität und Frische der Lebensmittel spielen eine zentrale Rolle bei der Kontrolle der Histaminintoleranz. Ich kaufe bevorzugt frische und möglichst in Bio-Qualität produzierte Lebensmittel. Weizen vermeide ich konsequent und greife stattdessen auf Dinkelprodukte zurück. Brot, Kuchen, etc. backe ich selbst.

Glutenfreie Mehlmischungen aus dem Supermarkt werden oftmals auf Basis von Soja oder Kichererbsen hergestellt und sind daher eher ungeeignet. Sollte man auf glutenfreie Produkte angewiesen sein, empfiehlt sich Reis-, Mandel- oder Maismehl. Außerdem sind Amarant, Hirse und Quinoa glutenfrei und histaminarm.

Restaurantbesuche vermeide ich weitgehend, da es schwierig ist, die Inhaltsstoffe und Zubereitungsweise der Speisen zu kontrollieren. Auf Geburtstagen und ähnlichen Anlässen esse ich meist vorher zu Hause, um unerwünschte Reaktionen zu vermeiden. Sollte es sich mal nicht vermeiden lassen, greife ich gerne auf Zeolith zurück. Dieses natürliche Mineral bindet Histamin und andere Giftstoffe im Darm und hilft, Beschwerden zu lindern.

Proteinversorgung

Um meinen Proteinbedarf zu decken, verwende ich Reisprotein. Standard-Proteinpulver aus dem Supermarkt sind oft schlecht verträglich und enthalten Zusatzstoffe, die Probleme bereiten können. Natürliches Reisprotein ist für mich eine gut verträgliche Alternative, die ich problemlos in meine Ernährung integrieren kann. Ehrlicherweise muss ich aber dazu sagen, dass es geschmacklich gewöhnungsbedürftig ist. Ich kombiniere das Pulver meistens mit Frischmilch, Pfirsichen (aus der Dose) sowie verträglichen Beeren und Wasser.

Nahrungsergänzungsmittel und ärztliche Betreuung

Ein weiterer wichtiger Schritt war die individuelle Bestimmung meines Nährstoffhaushalts und -bedarfs. Unter ärztlicher Aufsicht nehme ich gezielt Nahrungsergänzungsmittel ein, um Mängel auszugleichen und mein Immunsystem zu stärken. Dies kann ich jedem empfehlen, da ein ausgewogener Nährstoffhaushalt wesentlich zur Symptomkontrolle beiträgt.

Menschen mit Histaminintoleranz haben oft Schwierigkeiten, bestimmte Nährstoffe in ausreichender Menge zu erhalten. Dies liegt hauptsächlich an den Ernährungseinschränkungen, die sie aufgrund ihrer Unverträglichkeit befolgen müssen. Hier sind einige Nährstoffe, die häufig fehlen, und die Gründe dafür:

Vitamin C:
Viele Betroffene vermeiden Zitrusfrüchte und andere vitamin-C-reiche Lebensmittel, da diese Histamin freisetzen können.
Vitamin C ist wichtig für das Immunsystem, die Hautgesundheit und die Aufnahme von Eisen.

Vitamin B6:
Es wird oft in Hülsenfrüchten und Vollkornprodukten gefunden, die Menschen mit Histaminintoleranz möglicherweise meiden.
Vitamin B6 ist entscheidend für den Proteinstoffwechsel und die Produktion von Neurotransmittern.

Folsäure (Vitamin B9):
Grüne Blattgemüse und Hülsenfrüchte sind gute Quellen für Folsäure, die oft gemieden werden.
Folsäure ist notwendig für die Zellteilung und die Bildung roter Blutkörperchen.

Magnesium:

Viele magnesiumreiche Lebensmittel wie Nüsse und Samen können bei manchen Menschen Symptome auslösen.

Magnesium ist wichtig für die Muskelfunktion, die Nervenfunktion und die Regulierung des Blutzuckerspiegels.

Zink:

Einige zinkreiche Lebensmittel wie Schalentiere und rotes Fleisch sind oft histaminreich und werden daher vermieden.

Zink ist entscheidend für das Immunsystem, die Wundheilung und die DNA-Synthese.

Eisen:

Wenn rotes Fleisch gemieden wird, kann die Eisenaufnahme reduziert sein. Hülsenfrüchte als alternative Eisenquelle werden ebenfalls oft vermieden.

Eisen ist wichtig für den Sauerstofftransport im Blut und die Energieproduktion.

Kalzium:

Menschen, die Milchprodukte aufgrund ihrer

Histaminintoleranz meiden, könnten nicht genügend Kalzium erhalten.

Kalzium ist notwendig für gesunde Knochen und Zähne sowie für die Muskel- und Nervenfunktion.

Vitamin B12:

Vitamin B12 kommt hauptsächlich in tierischen Produkten wie Fleisch, Fisch, Milchprodukten und Eiern vor. Menschen mit Histaminintoleranz meiden oft Fleisch, insbesondere verarbeitetes Fleisch, da es hohe Histaminwerte enthalten kann. Auch bestimmte Milchprodukte können Symptome auslösen, was die Aufnahme von Vitamin B12 weiter einschränken kann. Vitamin B12 ist essenziell für die Bildung roter Blutkörperchen, die DNA-Synthese und die Funktion des Nervensystems. Ein Mangel kann zu Anämie und neurologischen Problemen führen.

Vitamin D3:

Vitamin D3 wird hauptsächlich durch Sonneneinstrahlung auf die Haut synthetisiert, aber auch durch den Verzehr bestimmter Lebensmittel wie fettem Fisch, Leber und Eigelb aufgenommen. Menschen mit Histaminintoleranz könnten Fisch und andere histaminreiche Lebensmittel meiden, was die Aufnahme von Vitamin D3 über die Nahrung reduziert.

Vitamin D3 ist wichtig für die Knochengesundheit, da es die Kalziumaufnahme im Darm unterstützt. Es spielt auch eine Rolle im Immunsystem und bei der Regulation der Zellteilung. Ein Mangel kann zu Knochenschwäche (Osteoporose) und einem erhöhten Risiko für Infektionen führen.

Diese Nährstoffmängel können durch eine sorgfältige Planung der Ernährung und gegebenenfalls durch Nahrungsergänzungsmittel ausgeglichen werden. Es ist wichtig, dass Betroffene mit einem Ernährungsberater oder Arzt zusammenarbeiten, um sicherzustellen, dass sie alle notwendigen Nährstoffe in ausreichender Menge erhalten.

Zeolith zur Unterstützung

Außerdem hat mir ein Apotheker den Tipp gegeben, Zeolith zu testen, und ich war sehr begeistert.

Zeolith ist ein natürliches Mineral (Vulkangestein), das wie ein Schwamm funktioniert. Es kann Histamin und andere schädliche Stoffe im Körper aufsaugen. Das hilft bei Histaminintoleranz, weil weniger Histamin ins Blut gelangt und dadurch die Beschwerden gelindert werden.

Warum hilft Zeolith bei Histaminintoleranz?

Histamin aufsaugen: Zeolith kann Histamin binden und so verhindern, dass zu viel davon in den Körper gelangt.

Entgiften: Zeolith kann Toxine und Schwermetalle, die mit der Nahrung aufgenommen werden, im Körper binden und ausscheiden.

Darmgesundheit: Zeolith kann helfen, eine gesunde Darmflora zu unterstützen, was die Histaminproduktion im Darm verringern kann.

Zeolith sollte nicht ohne Rücksprache mit einem Arzt über einen langen Zeitraum eingenommen werden. Achte darauf, hochwertiges und sauberes Zeolith zu kaufen.

Es kann helfen, die Beschwerden bei Histaminintoleranz zu lindern, indem es das überschüssige Histamin aufsaugt und den Körper entlastet. Ich persönlich nehme Zeolith immer, wenn ich nicht selbst gekocht habe.

Nützliche Tipps der Ernährungsberatung

Ich habe von meiner Ernährungsberaterin einige gute Tipps und zusätzliche Erklärungen erhalten, die mir sehr geholfen haben. Natürlich möchte ich auch diese mit euch teilen.

Eine dieser Empfehlungen ist es, Kreuzallergien zu beachten. Solltet ihr an Heuschnupfen leiden, habt ihr möglicherweise auch Kreuzallergien. Das findet man am besten durch die Dokumentation im Tagebuch sowie über einen Allergietest beim Arzt heraus. Auch häufiges Sodbrennen könnte eine allergische Ursache haben. Es ist ratsam, einen Arzt bzw. Allergologen aufzusuchen, um die genaue Ursache zu ermitteln.

Ein weiterer Hinweis ist, schlecht verträgliche Obstsorten mit Milchprodukten zu kombinieren. Da Joghurt oder Buttermilch natürliche Probiotika enthalten, erleichtert das die Verdauung. Dank diesem Tipp kann ich hin und wieder kleine Mengen an Weintrauben oder Äpfeln essen, ohne starke Symptome zu bekommen. Das gilt natürlich nur für den Bereich der

Verdauungsprobleme. Solltest du bereits diagnostizierte Allergien haben und auf bestimmte Lebensmittel heftig reagieren, meide diese konsequent.

Auch Erhitzen macht Lebensmittel wie Äpfel oder Karotten oft verträglicher, indem es Proteine denaturiert und die chemische Zusammensetzung verändert. Diese Prozesse können helfen, allergische Reaktionen und Verdauungsprobleme zu reduzieren. Das ist insbesondere für Menschen mit pollenassoziierten Nahrungsmittelallergien vorteilhaft.

Außerdem ist es besonders wichtig, auf die Qualität der Fette in der Ernährung zu achten. Gute Fette, insbesondere Omega-3-Fettsäuren, haben entzündungshemmende Eigenschaften. Histaminintoleranz ist oft mit entzündlichen Reaktionen im Körper verbunden und Omega-3-Fettsäuren können helfen, diese Entzündungen zu reduzieren. Fischöle, Leinsamen und Chiasamen sind reich an Omega-3-Fettsäuren und können dazu beitragen, entzündliche Prozesse zu mildern.

Histamin kann direkt auf die Blasenschleimhaut wirken und Symptome wie Schmerzen und Reizungen verursachen, die oft mit Blasenentzündungen verwechselt werden. Die chronische Reizung kann die Schleimhaut schwächen und das Risiko für Infektionen erhöhen.

Die Bewältigung der Histaminintoleranz erfordert eine umfassende und sorgfältige Lebensweise. Durch die Beobachtung meines Zyklus, Stressreduktion, ausreichenden Schlaf, gezielte Bewegung, bewusste Ernährung und die Unterstützung durch Nahrungsergänzungsmittel konnte ich meine Symptome deutlich lindern. Jeder dieser Schritte ist ein Baustein auf dem Weg zu einem besseren Wohlbefinden und zeigt, dass mit der richtigen Strategie und konsequentem Handeln selbst chronische gesundheitliche Herausforderungen gemeistert werden können.

Kapitel 6: Die Vorteile des bewussten Umgangs

Eine Histaminintoleranz zu haben mag auf den ersten Blick wie eine Last erscheinen. Die Einschränkungen, die mit einer solchen Diagnose einhergehen, können entmutigend wirken. Doch wer sich intensiv mit seiner Histaminintoleranz auseinandersetzt, wird schnell feststellen, dass dies nicht nur Herausforderungen, sondern auch zahlreiche Vorteile mit sich bringt. Diese Vorteile gehen weit über die bloße Linderung der

Symptome hinaus und betreffen viele Aspekte des täglichen Lebens. In diesem Kapitel wollen wir einige dieser positiven Effekte genauer betrachten.

Ein besseres Körpergefühl

Der bewusste Umgang mit einer Histaminintoleranz erfordert, dass man sich intensiv mit den Reaktionen seines Körpers auseinandersetzt. Diese Aufmerksamkeit führt dazu, dass man ein sehr feines Gespür dafür entwickelt, was einem guttut und was nicht. Man lernt, die Signale des eigenen Körpers besser zu verstehen und darauf zu reagieren. Dieses bessere Körpergefühl ist nicht nur im Kontext der Histaminintoleranz von Vorteil, sondern kann sich positiv auf das allgemeine Wohlbefinden auswirken. Man wird sensibler für andere Unverträglichkeiten oder Gesundheitsprobleme und kann frühzeitig darauf reagieren.

Verbesserte Kochkünste

Eine der größten Herausforderungen bei einer Histaminintoleranz ist die Anpassung der Ernährung. Viele industriell verarbeitete Lebensmittel und zahlreiche Restaurantspeisen sind für Betroffene tabu. Dies führt oft dazu, dass man mehr selbst kocht und experimentiert, um schmackhafte und verträgliche Gerichte zu kreieren. Diese regelmäßige Praxis in der Küche führt zwangsläufig dazu, dass man seine Kochkünste verbessert. Man wird kreativer im Umgang mit frischen, unverarbeiteten Zutaten. Außerdem lernt man durch verschiedene Zubereitungsmethoden und Gewürze Geschmack und Vielfalt in die Ernährung zu bringen, ohne auf histaminhaltige Lebensmittel zurückzugreifen. Ich hätte mir nie vorstellen können, dass ich mal eine begeisterte Köchin werde. Heute ist es eine der wichtigsten Ausdrücke der Selbstliebe und Selbstfürsorge für mich.

Stärkeres Selbstbewusstsein

Mit einer Histaminintoleran
   z umzugehen erfordert eine Menge Selbstdisziplin und Selbstbewusstsein. Man muss lernen, „Nein" zu sagen, wenn einem etwas nicht guttut und sich in sozialen Situationen klar und bestimmt zu äußern. Diese Fähigkeit, für sich selbst einzustehen, stärkt das Selbstbewusstsein erheblich. Man entwickelt eine größere Sicherheit im Umgang mit der eigenen Gesundheit und lernt, die eigenen Bedürfnisse klar zu kommunizieren. Dieses gestärkte Selbstbewusstsein

hat in meinem Fall auch auf andere Lebensbereiche übergegriffen und dazu geführt, dass ich mich insgesamt souveräner und sicherer fühle. Außerdem lehrt es mich die Dinge anzunehmen wie sie sind. Meiner Meinung nach sind Annahme und Akzeptanz wichige Faktoren auf dem Weg zur Genesung. Nimm dich an, so wie du bist. Hadere nicht mit den Umständen. Liebe dich so wie du bist!

Mehr Achtsamkeit im Alltag

Der bewusste Umgang mit der Ernährung und den eigenen Gesundheitsbedürfnissen fördert auch eine gesteigerte Achtsamkeit im Alltag. Man beginnt bewusster zu leben und mehr auf die eigenen Bedürfnisse und die Umgebung zu achten. Diese Achtsamkeit kann sich positiv auf viele Bereiche des Lebens auswirken. Man genießt Mahlzeiten bewusster, achtet mehr auf Entspannung und Stressabbau und nimmt sich Zeit für sich selbst. Das hat meine Lebensqualität nachhaltig und auf mehreren Ebenen verbessert. Manchmal zwingt unser Körper uns dazu, langsamer zu machen. Und das ist okay. Leg den Widerstand ab und gönne dir die Auszeiten, die du brauchst.

Fazit

Der Umgang mit einer Histaminintoleranz mag zunächst herausfordernd erscheinen, doch die positiven Effekte, die damit einhergehen, sind vielfältig und tiefgreifend. Ein besseres Körpergefühl, verbesserte Kochkünste, gestärktes Selbstbewusstsein und eine erhöhte Achtsamkeit sind nur einige der Vorteile, die man durch eine bewusste Auseinandersetzung mit seiner Intoleranz gewinnen kann. Indem man diese Herausforderungen annimmt und sich aktiv mit seiner Gesundheit auseinandersetzt, kann man nicht nur die Symptome der Histaminintoleranz lindern, sondern auch zu einem insgesamt erfüllteren und bewussteren Leben finden.

Kapitel 7: Erste Hilfe bei Erkältung

Wenn eine Erkältung zuschlägt, ist unser Immunsystem bereits auf Hochtouren. Besonders bei Menschen mit Histaminintoleranz ist es daher wichtig, behutsam vorzugehen. Statt zu gängigen Erkältungsmitteln aus der Apotheke zu greifen, setze ich mittlerweile auf Hausmittel und ausreichend Schlaf.

Hier sind einige bewährte Hausmittel, die dabei helfen können, die Symptome einer Erkältung zu lindern und dabei in der Regel auch für Menschen mit Histaminintoleranz geeignet sind:

natürlicher Hustensaft aus Zwiebeln, Honig und Zucker

Zutaten:

- 1 große Zwiebel

- 2-3 Esslöffel Honig (ohne Zusätze bei Histaminintoleranz)

- 2-3 Esslöffel Zucker (optional, falls Honig nicht

vertragen wird)

Zubereitung:

1. Zwiebel vorbereiten:

- Die Zwiebel schälen und in kleine Würfel oder dünne Scheiben schneiden.

2. Schichten erstellen:

- In einem sauberen Glas oder einer kleinen Schüssel eine Schicht Zwiebelstücke auf den Boden legen.

- Die Zwiebelstücke mit einer dünnen Schicht Honig oder Zucker bedecken.

3. Schichten wiederholen:

- Den Schichtvorgang fortsetzen, bis alle Zwiebelstücke und der gesamte Honig oder Zucker verbraucht sind. Die oberste Schicht sollte aus Honig oder Zucker bestehen.

4. Ziehen lassen:

- Das Glas oder die Schüssel mit einem Deckel oder einem sauberen Tuch abdecken.

- Die Mischung bei Raumtemperatur mindestens 6-8 Stunden oder über Nacht ziehen lassen.

5. Hustensaft abseihen:

- Nach der Zieh Zeit den entstandenen Saft durch ein feines Sieb oder ein Tuch abseihen, um die festen Zwiebelstücke zu entfernen.

- Den Hustensaft in einem sauberen Behälter auffangen.

6. Lagerung:

- Den Hustensaft im Kühlschrank aufbewahren, wo er bis zu einer Woche haltbar ist.

Anwendung:

- 1 Esslöffel des Hustensafts 2-3 Mal täglich einnehmen, je nach Bedarf.

- Für Kinder entsprechend reduzieren (z. B. 1 Teelöffel).

Dieser natürliche Hustensaft nutzt die entzündungshemmenden und schleimlösenden Eigenschaften der Zwiebel sowie die beruhigende Wirkung des Honigs, um Husten und Halsschmerzen zu lindern.

weitere Hausmittel:

1. Ingwertee
Zubereitung: Ein Stück frischen Ingwer in Scheiben schneiden und in heißem Wasser ziehen lassen.
Ingwer besitzt entzündungshemmende und antioxidative Eigenschaften, die Erkältungssymptome lindern können.

2. Kamillentee
Kamillenblüten oder Teebeutel in heißem Wasser ziehen lassen.
Kamille wirkt beruhigend und entzündungshemmend, ideal bei Halsschmerzen und verstopfter Nase.

3. Salzwasser-Gurgeln

Einen halben Teelöffel Salz in einem Glas warmem Wasser auflösen.
Gurgeln mit Salzwasser kann Halsschmerzen lindern und hilft, Bakterien und Viren im Rachen zu bekämpfen.

4. Dampfinhalation

Eine Schüssel mit heißem Wasser füllen, den Kopf darüber halten und mit einem Handtuch abdecken.
Der Dampf hilft, die Atemwege zu befreien und Schleim zu lösen. Ein paar Tropfen ätherisches Öl wie Eukalyptus können hinzugefügt werden, wenn sie gut vertragen werden. ACHTUNG – vorsichtig testen!

5. Honig

Ein Teelöffel Honig pur oder in warmem (nicht heißem) Tee.
Honig hat antibakterielle Eigenschaften und kann bei Halsschmerzen helfen. Menschen mit Histaminintoleranz sollten sicherstellen, dass der Honig keine Zusätze hat.

6. Vitamin C-reiche Lebensmittel oder Nahrungsergänzungsmittel

empfohlene Lebensmittel: Paprika, Brokkoli, Supplemente

Vitamin C stärkt das Immunsystem und kann die Dauer einer Erkältung verkürzen. Zitrusfrüchte sollten vermieden werden, da sie bei manchen Menschen Histamin freisetzen können.

7. reichlich Wasser trinken
Mindestens 2 Liter Wasser pro Tag trinken.
Ausreichende Flüssigkeitszufuhr hilft, den Körper zu unterstützen und Schleim zu verflüssigen.

8. Nasenspülungen mit Kochsalzlösung
Eine isotonische Kochsalzlösung 0,9% selbst herstellen oder in der Apotheke kaufen.
Nasenspülungen befeuchten und reinigen die Nasenschleimhaut, was bei verstopfter Nase helfen kann.

9. Thymian Tee
Frischen oder getrockneten Thymian in heißem Wasser ziehen lassen.
Thymian hat antibakterielle und schleimlösende Eigenschaften und kann bei Husten und verstopfter Nase helfen.

10. ausreichend Ruhe
Gönne deinem Körper viel Ruhe und Schlaf, um das

Immunsystem zu stärken und die Genesung zu
beschleunigen.

Diese Hausmittel können helfen, Erkältungssymptome
zu lindern, ohne das Risiko einer Histamin Reaktion zu
erhöhen. Jeder sollte individuell prüfen, wie gut er die
einzelnen Mittel verträgt.

Kapitel 8: Einführung in die Meditation

Einführung in die Meditation

Meditation mag für viele zunächst abschreckend oder
zu spirituell klingen. Doch ich möchte dich ermutigen,
es einmal auszuprobieren. In diesem Buch wurde bereits betont, wie wichtig Stressreduktion für die Regulierung der Mastzellen ist. Meditation bietet zahlreiche
Vorteile, die sowohl deinem Geist als auch deinem
Körper zugutekommen können. Hier sind einige der
wichtigsten Vorteile:

Stressabbau: Meditation hilft, den Geist zu beruhigen
und Stress abzubauen.

Verbesserte Konzentration: Regelmäßige Meditation

kann deine Konzentrationsfähigkeit und geistige Klarheit steigern.

Emotionale Gesundheit: Sie kann dazu beitragen, negative Emotionen zu reduzieren und das allgemeine Wohlbefinden zu fördern.

Besserer Schlaf: Viele Menschen finden, dass Meditation ihre Schlafqualität verbessert.

Schmerzmanagement: Meditation kann helfen, Schmerzen besser zu bewältigen und die Schmerztoleranz zu erhöhen.

Stärkung des Immunsystems: Einige Studien zeigen, dass Meditation positive Auswirkungen auf das Immunsystem haben kann.

Ich lade dich ein, diese Meditation auszuprobieren und die positiven Veränderungen in deinem Leben zu entdecken.

Vorbereitung

Finde einen ruhigen, bequemen Ort, an dem du nicht

gestört wirst. Setze dich in eine angenehme Position, entweder auf einem Stuhl mit den Füßen flach auf dem Boden oder im Schneidersitz auf einem Kissen. Schließe sanft deine Augen und lass deine Hände locker auf deinen Oberschenkeln oder im Schoß ruhen.

Einleitung

Atme tief durch die Nase ein, fülle deine Lungen vollständig, und atme dann langsam durch den Mund aus. Wiederhole dies drei Mal, um dich auf die Meditation einzustimmen.

Körperwahrnehmung

Richte deine Aufmerksamkeit nun auf deinen Körper. Spüre, wie dein Körper den Boden oder das Kissen berührt. Nimm wahr, wie deine Wirbelsäule sich streckt und dein Körper sich ausbalanciert.

Atembeobachtung

Beginne, deinen Atem zu beobachten, ohne ihn zu verändern. Spüre das Heben und Senken deiner Bauchdecke mit jedem Atemzug. Lasse deinen Atem ruhig und natürlich fließen.

Entspannung

Lenke deine Aufmerksamkeit nacheinander auf verschiedene Teile deines Körpers, um sie bewusst zu entspannen:

Füße und Beine: Spüre das Gewicht deiner Beine und lass alle Anspannung los.

Hüften und Becken: Lasse diese Bereiche weich werden und entspannt sich setzen.

Rücken und Schultern: Spüre die Länge deiner Wirbelsäule und lass die Schultern nach unten sinken.

Arme und Hände: Lass deine Arme schwer und entspannt werden.

Hals und Kopf: Lasse deinen Nacken weich werden und entspanne deinen Kiefer und deine Stirn.

Visualisierung

Stelle dir vor, du befindest dich an einem friedlichen Ort in der Natur. Dies könnte ein ruhiger Strand, ein schattiger Wald oder eine blühende Wiese sein. Spüre die Ruhe und Schönheit dieses Ortes. Nimm die Geräusche, Düfte und die frische Luft wahr. Lasse diese friedliche Umgebung auf dich wirken und spüre, wie sie dich beruhigt.

Mantra oder Affirmation

Wiederhole leise in deinem Geist ein beruhigendes Mantra oder eine positive Affirmation, wie:

Ich bin ruhig und gelassen.

- "Mein Körper und Geist sind entspannt."
- "Ich fühle mich sicher und geborgen."

Abschluss

Bleibe noch einige Momente in dieser friedlichen Stille. Wenn du bereit bist, bringe deine Aufmerksamkeit langsam zurück zu deinem Atem. Nimm einige tiefere Atemzüge und spüre die Energie, die du aufgenommen hast. Beginne dann, deine Finger und

Zehen zu bewegen, strecke dich sanft und öffne langsam deine Augen.

Nachklang

Nimm dir einen Moment Zeit, um die Ruhe und Entspannung, die du während der Meditation erfahren hast, in dir zu spüren. Versuche, dieses Gefühl der Gelassenheit mit in deinen Alltag zu nehmen.

Kapitel 9: Einführung ins Yoga

Es gibt mehrere Yogaübungen, die sich positiv auf das Immunsystem auswirken können, indem sie Stress reduzieren, die Durchblutung verbessern und das allgemeine Wohlbefinden fördern. Hier sind einige empfohlene Übungen:

Asanas (Körperhaltungen)

Viparita Karani (Beine an der Wand)

1. Lege dich auf den Rücken und platziere die Beine senkrecht an einer Wand.

2. Der Rücken und die Beine bilden einen 90-Grad-Winkel.

3. Die Arme liegen entspannt neben dem Körper.

4. Halte diese Position für 5–15 Minuten.

Bhujangasana (Kobra)

1. Lege dich auf den Bauch, die Beine ausgestreckt und die Hände unter den Schultern.

2. Drücke die Hände in den Boden und hebe den Oberkörper, während du die Schultern nach hinten ziehst.

3. Halte die Hüften und Beine auf dem Boden.

4. Halte die Position für 15–30 Sekunden und atme gleichmäßig.

Setu Bandhasana (Brücke)

1. Lege dich auf den Rücken, die Knie gebeugt und die Füße hüftbreit auseinander auf dem Boden.

2. Hebe das Becken an, während du die Füße und Schultern in den Boden drückst.

3. Die Hände können unter dem Rücken verschränkt werden.

4. Halte die Position für 30 Sekunden bis 1 Minute.

Adho Mukha Svanasana (Herabschauender Hund)
1. Beginne im Vierfüßlerstand, die Hände schulterbreit auseinander und die Knie hüftbreit auseinander.

2. Hebe die Hüften nach oben, strecke die Beine und bilde eine umgekehrte V-Form.

3. Die Hände und Füße bleiben fest am Boden.

4. Halte die Position für 1–3 Minuten.

Matsyasana (Fisch)

1. Lege dich auf den Rücken, die Beine ausgestreckt und die Arme neben dem Körper.

2. Hebe den Oberkörper an und stütze dich auf den Ellbogen ab.

3. Lass den Kopf nach hinten fallen und öffne den Brustkorb.

4. Halte die Position für 30 Sekunden bis 1 Minute.

Balasana (Kindhaltung)
1. Setze dich auf die Fersen, die Knie hüftbreit auseinander.

2. Beuge dich nach vorne und lege die Stirn auf den Boden
3. Die Arme können ausgestreckt nach vorne oder entlang des Körpers liegen.

4. Halte die Position für 1–3 Minuten.

Supta Baddha Konasana (Liegender gebundener Winkel)

1. Lege dich auf den Rücken, die Knie gebeugt und die Fußsohlen zusammengeführt.

2. Lass die Knie zu den Seiten fallen.

3. Die Arme liegen entspannt neben dem Körper.

4. Halte die Position für 1–5 Minuten.

Ardha Matsyendrasana (Halber Drehsitz)

1. Setze dich mit ausgestreckten Beinen.

2. Beuge das rechte Knie und stelle den Fuß über das linke Bein.

3. Drehe den Oberkörper nach rechts und stütze den linken Ellbogen am rechten Knie ab.

4. Halte die Position für 30 Sekunden bis 1 Minute, dann wechsle die Seite.

Einige Yogaübungen können dabei helfen, die Verdauung zu verbessern und das Verdauungssystem ins Gleichgewicht zu bringen. Hier sind einige empfohlene Übungen:

Pawanmuktasana (Windbefreiungshaltung)

1. Lege dich auf den Rücken und ziehe die Knie zur Brust.

2. Umfasse die Knie mit den Armen und halte sie fest.

3. Hebe den Kopf und die Schultern und bringe die Stirn zu den Knien.

4. Halte die Position für 20–30 Sekunden und atme tief ein und aus.

Apanasana (Knie-zur-Brust-Haltung)

1. Lege dich auf den Rücken und ziehe ein Knie zur Brust.

2. Halte das Knie mit beiden Händen fest.

3. Halte die Position für 30 Sekunden bis 1 Minute und wechsle dann das Bein.

4. Diese Übung kann auch mit beiden Knien gleichzeitig durchgeführt werden.

Ardha Matsyendrasana (Halber Drehsitz)

1. Setze dich mit ausgestreckten Beinen.

2. Beuge das rechte Knie und stelle den Fuß über das linke Bein.

3. Drehe den Oberkörper nach rechts und stütze den linken Ellbogen am rechten Knie ab.

4. Halte die Position für 30 Sekunden bis 1 Minute, dann wechsle die Seite.

Marjaryasana-Bitilasana (Katze-Kuh-Haltung)

1. Beginne im Vierfüßlerstand, die Hände schulterbreit auseinander und die Knie hüftbreit auseinander.

2. Für die Kuh-Haltung: Hebe den Kopf und das Steißbein an, während du den Bauch nach unten sinken lässt.

3. Für die Katze-Haltung: Runde den Rücken und ziehe das Kinn zur Brust, während du das Steißbein nach unten ziehst.

4. Wechsle fließend zwischen diesen beiden Positionen für 1–2 Minuten.

Supta Matsyendrasana (Liegender Spinal Twist)

1. Lege dich auf den Rücken und ziehe das rechte Knie zur Brust.

2. Drehe das Knie nach links über den Körper, während du den rechten Arm zur Seite ausstreckst.

3. Halte die Position für 1–2 Minuten und wechsle dann die Seite.

Malasana (Yogischer Hockstand)

1. Stehe mit den Füßen etwas weiter als hüftbreit auseinander.

2. Beuge die Knie und senke das Becken, bis die Oberschenkel parallel zum Boden sind.
3. Bringe die Handflächen vor der Brust zusammen und drücke die Ellbogen gegen die Innenseiten der Knie.

4. Halte die Position für 30 Sekunden bis 1 Minute.

Uttanasana (Vorwärtsbeuge im Stehen)

1. Stehe mit den Füßen hüftbreit auseinander.

2. Beuge dich aus der Hüfte nach vorne und lass den Oberkörper und die Arme Richtung Boden hängen.

3. Halte die Position für 1–3 Minuten und atme tief ein und aus.

Dhanurasana (Bogenhaltung)

1. Lege dich auf den Bauch und beuge die Knie, sodass du die Knöchel mit den Händen greifen kannst.

2. Hebe den Oberkörper und die Beine gleichzeitig an, sodass der Körper eine Bogenform bildet.

3. Halte die Position für 20–30 Sekunden und atme tief ein und aus.

Diese Übungen fördern die Durchblutung der

Bauchorgane, massieren die inneren Organe und helfen, die Verdauung zu regulieren.

Kapitel 10: Eine kindgerechte Kurzgeschichte

Um die Thematik betroffenen Kindern näher zu bringen, möchte ich eine kleine Kurzgeschichte zur Inspiration teilen.

Im Herzen eines dichten Waldes lebte ein fröhliches Eichhörnchen namens Emil. Emil war bekannt für seine Abenteuerlust und seine Freundlichkeit gegenüber allen Waldbewohnern. Eines Tages, während des jährlichen Waldfestes, bemerkten Emils Freunde, dass er einige der angebotenen Leckereien nicht aß. Neugierig fragten sie ihn, warum er die saftigen Nüsse und würzigen Beeren nicht probierte.

„Warum isst du nicht mit uns, Emil?" fragte die kleine Maus Mia besorgt. „Die Nüsse sind doch deine Lieblingsspeise!"

Emil lächelte seine Freunde an und setzte sich auf einen moosbedeckten Stein. „Ich würde gerne mit euch essen, aber ich muss aufpassen, was ich esse. Ich habe nämlich eine Histaminintoleranz."

Die anderen Tiere sahen ihn verwundert an. „Eine

Histamin- was?" fragte der schlaue Fuchs Felix.

„Eine Histaminintoleranz", wiederholte Emil geduldig. „Lasst mich euch erklären, was das bedeutet."

In diesem Moment kam Doktor Waschbär, der kluge und freundliche Arzt des Waldes, vorbei und hörte die Unterhaltung. Er trat näher und sagte: „Vielleicht kann ich euch dabei helfen, das besser zu verstehen."

Die Tiere nickten gespannt und setzten sich zu Doktor Waschbär. „Histamin ist ein Stoff, der in vielen Lebensmitteln und auch in unseren Körpern natürlich vorkommt", begann er zu erklären. „Es hilft bei vielen Dingen, zum Beispiel bei der Abwehr von Krankheiten. Aber bei Emil kann sein Körper das Histamin nicht richtig abbauen."

„Und was passiert dann?" fragte der neugierige Hase Hannes.

„Wenn Emil zu viel Histamin isst, bekommt er Bauchschmerzen, seine Haut juckt und er fühlt sich einfach nicht gut", erklärte Doktor Waschbär. „Das bedeutet, dass er einige Lebensmittel nicht essen darf.

Dazu gehören leider auch seine geliebten Nüsse und manche Beeren."

„Oh, das klingt schwierig", sagte die weise Eule Ella mitfühlend. „Aber wie weißt du, was du essen kannst und was nicht?"

„Ich frage immer meine Eltern, bevor ich etwas Neues probiere", sagte Emil. „Und sie haben mir geholfen, herauszufinden, welche Lebensmittel ich vertrage. Der Wald ist voller anderer leckerer Dinge, die ich essen kann. Ich muss nur ein bisschen vorsichtiger sein und auf meinen Körper hören."

Die Tiere nickten verständnisvoll. „Das klingt vernünftig", sagte Felix. „Wir werden dir helfen, Alternativen zu finden, damit du immer etwas Leckeres zu essen hast, das du verträgst, Emil."

Gemeinsam machten sich die Freunde daran, den Wald nach neuen Leckereien zu durchsuchen. Sie entdeckten süße Früchte, knackige Samen und andere köstliche Pflanzen, die Emil ohne Probleme essen konnte.

„Danke, Freunde", sagte Emil. „Es ist wirklich nicht so

schlimm. Man gewöhnt sich daran und findet viele Alternativen. Und das Wichtigste ist, dass ich mich gut fühle und mit euch zusammen sein kann."

Von diesem Tag an achteten die Tiere des Waldes darauf, Emil immer leckere und histaminarme Snacks anzubieten. Und Emil? Er fühlte sich geliebt und unterstützt und wusste, dass er die besten Freunde im ganzen Wald hatte. Gemeinsam genossen sie viele weitere fröhliche Feste und Abenteuer, immer mit einem Lächeln im Gesicht und einem wachsamen Blick auf Emils Gesundheit.

Und so lebten sie glücklich und gesund im wunderschönen Wald.

Kapitel 11: Rezepte

Abschließend möchte ich gerne noch einige Rezepte mit euch teilen. Viel Spaß beim Ausprobieren!

Dinkelpfannkuchen

Zutaten:

- 2 Eier

- 200 ml Milch

- 1 Prise Zucker

- 1 Prise Salz

- 200 g Dinkelmehl Typ 630

- 60 ml Mineralwasser

- Etwas Speiseöl zum Ausbacken

Zubereitung:

1. Schlage die Eier in eine große Rührschüssel.

2. Füge die Milch hinzu und rühre gut um.

3. Gib eine Prise Zucker und eine Prise Salz dazu.

4. Siebe das Mehl in die Schüssel und rühre es unter, bis ein glatter Teig entsteht.

5. Füge das Mineralwasser hinzu und rühre es ebenfalls gut unter.

6. Erhitze etwas Speiseöl in einer Pfanne bei mittlerer Hitze.

7. Gieße eine Kelle Teig in die Pfanne und verteile ihn gleichmäßig.

8. Brate den Pfannkuchen, bis die Unterseite goldbraun ist, dann wende ihn und brate die andere Seite ebenfalls goldbraun.

9. Wiederhole den Vorgang, bis der gesamte Teig aufgebraucht ist.

Dazu schmecken nach Verträglichkeit Heidelbeeren, Mandelcreme, Sahne oder Apfelmus.

Dinkelvollkorn-Quark-Brötchen

Zutaten:

- 350 g Dinkelmehl, Typ 630

- 150 g Dinkelvollkornmehl

- 1 Pck. Weinsteinbackpulver

- 1 TL Salz

- 350 g Magerquark

- 125 ml Milch (frisch oder Hafermilch)

- 1 EL Rapsöl

- 1 Ei

- ½ EL Zucker oder Zuckerrübensirup

Zubereitung:

1. Mische das Dinkelmehl und das Dinkelvoll-kornmehl mit dem Weinsteinbackpulver in einer Rührschüssel.

2. Gib das Salz, den Magerquark, die Milch, das Rapsöl, das Ei und den Zucker oder Zuckerrübensirup hinzu.

3. Knete alles mit dem Knethaken der Küchenmaschine gut durch, bis ein geschmeidiger Teig entsteht.

4. Lege den Teig auf ein bemehltes großes Brett und knete ihn kurz von Hand durch.

5. Drücke den Teig mit den Händen zu einem Fladen von etwa 28 cm Durchmesser.

6. Schneide den Fladen wie eine Torte in 12 Stücke und forme dann aus jedem Stück ein Brötchen.

7. Lege die einzelnen Brötchen auseinander auf ein mit Backpapier ausgelegtes Blech und schneide jedes Brötchen oben zweimal schräg ein.

8. Backe die Brötchen im vorgeheizten Ofen bei 200 Grad Ober-/Unterhitze oder 170 Grad Heißluft für 20 Minuten.

Diese Brötchen lassen sich auch gut einfrieren. Zum Aufwärmen einfach im Toaster aufbacken

Porridge

Zutaten:

- 1 Tasse Haferflocken (glutenfrei, falls gewünscht)

- 2 Tassen Wasser oder histaminarmer Pflanzendrink, oder Frischmilch (je nach Verträglichkeit)

- 1 Prise Salz

- 1 Teelöffel Kokosöl (optional)

- 1-2 Esslöffel Agavendicksaft (nach Geschmack)

- 1 Esslöffel Leinsamen (optional, für zusätzliche Ballaststoffe)
*Toppings (nach Belieben):**

- Frische oder tiefgefrorene Blaubeeren (ohne Zusätze)

- Gehackte Mandeln (in kleinen Mengen)

- Frische Apfelstücke

- Etwas Zimt (nach Verträglichkeit)

Zubereitung:

1. Die Haferflocken zusammen mit dem Wasser oder Pflanzendrink und einer Prise Salz in einen mittelgroßen Topf geben.

2. Die Mischung auf mittlerer Hitze erhitzen und zum Köcheln bringen.

3. Sobald die Haferflocken zu kochen beginnen, den Agavendicksaft einrühren.

4. Gelegentlich umrühren und das Porridge etwa 5-7 Minuten köcheln lassen, bis es die gewünschte Konsistenz erreicht hat. Bei Bedarf mehr Wasser oder Pflanzendrink hinzufügen, um die Konsistenz anzupassen.

5. Den Topf vom Herd nehmen und das Kokosöl (falls verwendet) und die Leinsamen (falls verwendet) unterrühren.

6. Das Porridge in eine Schüssel gießen.

7. Nach Belieben frische oder tiefgefrorene Blaubeeren, gehackte Mandeln oder Walnüsse, Apfelstücke und eine Prise Zimt hinzufügen (ACHTUNG: Nüsse und Zimt können schlecht verträglich sein).

Kartoffelecken

Zutaten:

- 6 große Kartoffeln (so viel wie auf ein Backblech passt)

- 2 TL Öl

- Salz

- Rosmarin

- Oregano

Zubereitung:

1. Heize den Backofen auf 180 Grad Celsius vor.

2. Wasche die Kartoffeln gründlich und schneide sie in ca. 1 cm dicke Streifen.

3. Gib die geschnittenen Kartoffeln in eine große Schüssel.

4. Füge das Öl hinzu und würze mit Salz, Rosmarin und Oregano.

5. Vermische alles gut, sodass die Kartoffelstreifen gleichmäßig mit dem Öl und den Gewürzen bedeckt sind.

6. Verteile die gewürzten Kartoffelstreifen gleichmäßig auf einem Backblech.

7. Backe die Kartoffelecken im vorgeheizten Ofen für ca. 30 Minuten, bis sie goldbraun und knusprig sind.

8. Serviere die Kartoffelecken heiß, als Beilage oder Snack.

Salatdressing

Zutaten:

- 1 Becher Kräuter Creme-Fraiche

- Rosmarin

- Oregano

- Schnittlauch

- Optional: Histaminikus Salatgewürz

- Bei Verträglichkeit: 1 TL Senf

- 1,5 TL Agavendicksaft

Zubereitung:

1. Gib die Kräuter Creme-Fraiche in eine Schüssel.

2. Füge Rosmarin, Oregano und Schnittlauch nach Geschmack hinzu.

3. Wenn du magst, füge etwas Histaminikus Salatgewürz hinzu.

4. Bei Verträglichkeit füge 1 TL Senf und 1,5 TL Agavendicksaft hinzu.

5. Mische alle Zutaten gut, bis eine gleichmäßige Konsistenz erreicht ist.

6. Schmecke das Dressing ab und passe die Gewürze nach Bedarf an.

7. Serviere das Dressing über deinem Lieblingssalat.

Dinkel-Pizza-Boden

Zutaten:

- 125 g Dinkelmehl Type 630

- 10 g Weinsteinbackpulver

- 1 Prise Meersalz

- 60 g Wasser

- 10 g Olivenöl

Zubereitung:

1. Den Backofen auf 200 °C Umluft vorheizen.

2. Das Dinkelmehl mit dem Weinsteinbackpulver und dem Salz in einer Schüssel mischen.

3. Wasser und Olivenöl hinzufügen und mit einem Handrührgerät mit Knethaken kneten, bis ein glatter, fester Teig entstanden ist.

4. Die Hände leicht bemehlen und den Teig zu einer Kugel formen.

5. Die Teigkugel auf ein Backpapier in Blechgröße legen und zu einer runden Pizza ausrollen.

6. Nach Belieben belegen und auf ein Backblech legen.

7. Im vorgeheizten Ofen ca. 10 - 12 Minuten backen.

Als Ersatz für Tomatensauce empfehle ich Kräuter Creme Fraiche oder Frischkäse. Ich persönlich vertrage nur Mozzarella oder jungen Gouda zum Überbacken. Ihr könnt die Pizza mit verträglichem Gemüse belegen. Ich bevorzuge rote Paprika, Butternut Kürbis, Frühlingszwiebeln und Spitzkohl.

Spitzkohl-Quiche mit Dinkel-Mürbeteig

Zutaten für den Mürbeteig:

- 150 g Dinkelvollkornmehl (Typ 650)

- 100 g Dinkelmehl (Typ 630)

- 1 Teelöffel Salz

- 2 Esslöffel Mineralwasser

- 110 g Butter

Zutaten für die Füllung:

- 1 Spitzkohl (ca. 350 g)

- 200 ml Sahne

- 100 ml Milch

- 3 Eier

- Salz, Pfeffer

- 60 g junger Gouda
- Je nach Verträglichkeit 1 TL Kurkuma und/oder Paprikapulver

Zubereitung:

1. Alle Zutaten für den Mürbeteig mit den Knethaken zu einem glatten Teig verarbeiten.

2. Den Teig in Frischhaltefolie wickeln und 30-60 Minuten im Kühlschrank ruhen lassen.

3. Währenddessen den Spitzkohl zubereiten. Den

Strunk entfernen und den Kohl in feine Streifen schneiden.

4. Den Spitzkohl in etwas verträglichem Öl bei mittlerer Hitze etwa fünf Minuten dünsten lassen, bis er zusammenfällt.

5. Den Mürbeteig nach der Ruhezeit aus dem Kühlschrank holen.

6. Eine Quicheform ausbuttern und bemehlen. Den Mürbeteig in die Form drücken und einen Rand hochziehen.

7. Den gedünsteten Spitzkohl auf dem Mürbeteig verteilen.

8. Aus Sahne, Milch, Eiern und verträglichen Gewürzen eine Guss herstellen. Diesen gleichmäßig über dem Spitzkohl verteilen.

9. Den Gouda darüber reiben und die Spitzkohl-Quiche bei 200 Grad im vorgeheizten Backofen für 35-40 Minuten backen.

Hinweis: Ich empfehle, das Gericht möglichst frisch zu verzehren und nicht erneut zu erwärmen aufgrund der eiweißreichen Zutaten.

Bunte Gemüsereis-Pfanne

Zutaten:

- 60 g Basmatireis

- 120 ml Wasser

- 1 kleine Zucchini

- 1 rote oder gelbe Paprika (grüne sind nicht gut verträglich)
- 1 Karotte

- 1 Zwiebel

- 1 Esslöffel Rapsöl

- 1/2 Teelöffel Paprikapulver

- 1 Esslöffel Petersilie

- Salz und Pfeffer nach Geschmack

Zubereitung:

1. Den Reis in einen Topf mit Wasser geben und kochen, bis er gar ist.

2. Zucchini, Paprika und Karotte waschen.

3. Zucchini vierteln und klein schneiden, Paprika entkernen und in grobe Streifen schneiden, Karotte schälen und in Würfel schneiden, Zwiebel schälen und fein hacken.

4. Eine Pfanne mit Öl erhitzen und das Gemüse anbraten.

5. Paprikapulver hinzufügen, mehrmals umrühren und den gegarten Reis unterrühren.

6. Für 2-3 Minuten bei mittlerer Hitze anbraten, die Pfanne vom Herd nehmen und mit Salz und Pfeffer abschmecken.

7. Mit frischer Petersilie bestreuen und genießen.

Gefüllte Paprikaringe mit Käsecreme

Zutaten:

- 2 rote Paprika

- 2 Frühlingszwiebeln

- 100 g geriebener Mozzarella

- 100 g Frischkäse

- 2 Eigelb

- 2 Stiele Basilikum

- Salz

- Frische Petersilie zum Garnieren

Zubereitung:

1. Die Paprika waschen und in 8 gleichdicke Ringe schneiden. Die Paprikaringe auf einem mit Backpapier belegten Backblech verteilen.

2. Die restliche Paprika in feine Würfel schneiden. Die Frühlingszwiebeln und das Basilikum waschen und fein hacken.

3. In einer Schüssel den Frischkäse, die Eigelbe, den geriebenen Mozzarella, die gehackten Frühlingszwiebeln und das Basilikum gut vermischen. Mit Salz abschmecken.

4. Die vorbereitete Käsecreme in die Paprikaringe füllen.

5. Das Backblech in den vorgeheizten Backofen bei 200 °C schieben und die Paprikaringe 15-20 Minuten backen, bis sie goldgelb sind.

6. Die gefüllten Paprikaringe aus dem Ofen nehmen und mit frischer Petersilie garnieren. Sofort servieren und genießen.

Chiapudding mit Früchten

Zutaten:

- 40 g Chiasamen

- 400 ml Kokosmilch oder eine Pflanzenmilch deiner Wahl

- 1 Messerspitze Vanille

- 1/2 Teelöffel Zimt

- 4 Esslöffel Ahornsirup

- Tiefgekühlte Süßkirschen / Mango / Himbeeren / Heidelbeeren (je nach Verträglichkeit)

Zubereitung:

1. Die Chiasamen zusammen mit den tiefgekühlten Früchten, der Vanille, dem Zimt, dem Ahornsirup und der Milch in einer Schüssel gut vermischen.
2. Die Mischung für etwa 40 Minuten im Kühlschrank quellen lassen. Alternativ kann der Chiapudding auch

abends vorbereitet und über Nacht im Kühlschrank stehen gelassen werden.

3. Den fertigen Chiapudding aus dem Kühlschrank nehmen und nach Belieben mit frischen Früchten garnieren.

4. Sofort genießen oder bis zum Verzehr im Kühlschrank aufbewahren.

Streuselkuchen mit Dinkelmehl und Heidelbeeren

Zutaten für eine 28x20 cm Form (6 Stücke):

Für den Rührteig:

- 125 g weiche Butter

- 100 g weißer Zucker

- 1 Päckchen Vanillezucker (optional, je nach Frucht)

- 2 Eier
- 125 g Dinkelmehl

130

- 1 Teelöffel Weinsteinbackpulver

- 1 Prise Salz

Für die Streusel:

- 75 g Butter

- 75 g brauner Zucker

- 110 g Dinkelmehl

Außerdem:

- 250 g frische Früchte (ich bevorzuge Heidelbeeren und Himbeeren) **ACHTUNG:** Himbeeren sind für manche schlecht verträglich.

Zubereitung:

1. Die Butter mit dem Zucker und dem Vanillezucker (falls verwendet) schaumig schlagen.

2. Die Eier einzeln dazugeben und gut verrühren.

3. Das Dinkelmehl in zwei Portionen hinzufügen und unterrühren. Dabei das Backpulver und das Salz mit einmischen.

4. Eine 28x20 cm Backform ausbuttern und bemehlen.

5. Den Rührteig mit einem Esslöffel in die Form geben und gleichmäßig verstreichen.

6. Die Früchte waschen und auf dem Teig verteilen.

7. Die Butter, den braunen Zucker und das Dinkelmehl grob mit den Händen verkneten, bis Streusel entstehen.

8. Die Streusel auf den Früchten verteilen.

9. Den Streuselkuchen bei 200 Grad im vorgeheizten Backofen etwa 25 Minuten backen.

Kapitel 12: Meine persönlichen histaminarmen Snacks

Als jemand, der unter Histaminintoleranz leidet, habe ich im Laufe der Zeit eine Auswahl an Snacks und Produkten zusammengestellt, die für mich gut verträglich sind. Es ist wichtig zu betonen, dass diese Präferenzen auf meinen persönlichen Erfahrungen basieren und die Verträglichkeit individuell getestet werden sollte. Jeder Mensch reagiert unterschiedlich auf bestimmte Lebensmittel, daher ist Vorsicht geboten. Zudem möchte ich klarstellen, dass ich kein Geld von den genannten Firmen oder sonst jemandem erhalte. Es handelt sich ausschließlich um meine ehrlichen Erfahrungen.

Meine Gewürze von Histaminikus

Ein unverzichtbarer Teil meiner Küche sind die Gewürze von Histaminikus. Ich kaufe sie ausschließlich online und habe bisher alle Produkte, die ich dort bestellt habe, sehr gut vertragen. Die Gewürze sind speziell für Menschen mit Histaminintoleranz entwickelt worden, was mir ein Stück kulinarische Freiheit zurückgegeben hat. Bei Histaminikus gibt es auch viele weitere tolle Ersatzprodukte, die das

Kochen und Backen sehr erleichtern. Von Backmischungen bis hin zu Soßen und Marinaden – die Auswahl ist groß und vielfältig.

Unterwegs mit Fynncrisp

Für den kleinen Hunger unterwegs greife ich gerne zu Produkten von Fynncrisp. Diese Knäckebrote bestehen nur aus Roggenmehl und müssen nicht gekühlt werden, was sie perfekt für die Mitnahme macht. Sie sind nicht nur praktisch, sondern auch eine leckere und histaminarme Option.

Aprikosen - Ein fruchtiger Genuss

Aprikosen gehören zu meinen liebsten Früchten. Sie sind nicht nur süß und saftig, sondern auch gut bei Histaminintoleranz verträglich. Aprikosen enthalten nur geringe Mengen an Histamin und sind reich an Vitaminen und Mineralstoffen wie Vitamin A, Vitamin C und Kalium. Diese Nährstoffe unterstützen das Immunsystem und die allgemeine Gesundheit, ohne dabei das Risiko einer histaminbedingten Reaktion zu erhöhen.

Reisprotein von Nu3 und Vanilla von More

Nutrition

Für meinen täglichen Proteinbedarf greife ich gerne auf das Reisprotein von Nu3 zurück. Geschmacklich ist es gewöhnungsbedürftig, aber in Kombination mit der Vanilla-Sorte von More Nutrition wird der Geschmack angenehm. Wichtig ist jedoch, bei Produkten von More Nutrition genau auf die Zutatenliste zu achten. Einige Sorten enthalten Soja oder andere Substanzen, die bei Histaminintoleranz problematisch sein können.

Wenn es mal schnell gehen muss

Manchmal muss es einfach schnell gehen. In solchen Momenten koche ich gerne Milchreis oder bereite Vanillepudding aus der Tüte zu. Beide Optionen sind schnell gemacht und für mich gut verträglich.

Ein Genuss: Mövenpick Joghurteis

Ein Highlight in meiner Snack-Auswahl ist das Joghurteis von Mövenpick. Es gehört zu den wenigen Eissorten, die ich gut vertrage. Der cremige Geschmack und die milde Süße sind eine willkommene Erfrischung, besonders an heißen Tagen.

Tiefkühl-Dinkelbrötchen von Coppenrath und Wiese

Eine weitere histaminarme Option, die ich gerne verwende, sind die Tiefkühl-Dinkelbrötchen von Coppenrath und Wiese. Diese Brötchen sind schnell aufgebacken und eine leckere Alternative zu herkömmlichen Brötchen, besonders wenn man empfindlich auf Histamin reagiert.

Glutenfreier Demeter-Pizzateig

Für Pizza-Liebhaber ist der glutenfreie Demeter-Pizzateig eine großartige Option. Er ist nicht nur histaminarm, sondern auch bio und glutenfrei, was ihn besonders gut verträglich macht. Mit diesem Teig kann ich mir zu Hause schnell und unkompliziert eine leckere Pizza zaubern, ohne Bedenken bezüglich meiner Histaminintoleranz zu haben.

Fazit

Meine Auswahl an histaminarmen Snacks ist das Ergebnis vieler Versuche und sorgfältiger Tests. Jeder Mensch ist anders, und was für mich gut funktioniert, könnte für jemand anderen ungeeignet sein. Es ist daher unerlässlich, die Verträglichkeit von Lebensmitteln individuell zu testen. Mit ein wenig Geduld und Experimentierfreude lässt sich jedoch auch bei Histaminintoleranz eine abwechslungsreiche und genussvolle Ernährung gestalten.

Epilog: Ein Blick nach vorn

Das Leben mit Histaminintoleranz ist eine Reise voller Höhen und Tiefen. Doch trotz aller Herausforderungen gibt es immer Wege, deine Lebensqualität zu verbessern und positive Veränderungen zu erleben. Meine persönliche Reise, die ich in diesem Buch mit dir geteilt habe, soll dir Mut machen und zeigen, dass du nicht allein bist.

Ich hoffe, dass die in diesem Buch enthaltenen Tipps, Rezepte und Strategien dir helfen, deinen Alltag besser zu meistern und neue Wege zu finden, um mit deiner Histaminintoleranz umzugehen. Denke daran, dass jeder Tag eine neue Chance bietet, gesundheitsbewusste Entscheidungen zu treffen und deine Lebensweise anzupassen.

Bleibe offen für neue Informationen und Ansätze, und zögere nicht, dich mit anderen Betroffenen auszutauschen. Gemeinsam können wir ein unterstützendes Netzwerk aufbauen, das uns alle stärker macht.

Ich möchte allen danken, die mich bei der Veröffentlichung dieses Ratgebers unterstützt haben. Mein besonderer Dank gilt meinem Partner Marco, der all meine Ideen und Projekte mit so viel Geduld und Begeisterung begleitet hat. Danke, dass du immer an meiner Seite bist. Ein großer Dank geht auch an meine liebe Freundin Tamara, die mir stets mit Rat und Tat zur Seite steht und mir in allen Lebenslagen eine wertvolle Unterstützung ist. Außerdem meiner Freundin Kim die immer an mich glaubt. Nicht zuletzt danke ich meinem Freund Oli, dessen beeindruckende PC-Kenntnisse mir immer wieder aufs Neue geholfen haben..

Abschließend möchte ich dir danken, dass du dieses Buch gelesen hast. Es ist mein Wunsch, dass es dir auf deinem Weg zur Gesundheit und zum Wohlbefinden eine wertvolle Hilfe ist.

Bleibe gesund und positiv gestimmt!

Herzlichst

Tanja

Literaturverzeichnis

1. **Jarisch, R.** (2015). *Histaminintoleranz: Histamin und Seekrankheit.* Springer-Verlag, Berlin. Ein umfassendes Werk, das die biochemischen Grundlagen der Histaminintoleranz, ihre Symptome und mögliche Therapieansätze beschreibt.
2. **Kofler, H., & Kofler, K.** (2017). *Histamin-Intoleranz: Ernährung als Schlüssel zur Linderung von Beschwerden.* Verlagshaus der Ärzte, Wien. Dieses Buch bietet eine detaillierte Übersicht über histaminarme Ernährung und deren Bedeutung für die Symptomkontrolle bei Histaminintoleranz.
3. **Maintz, L., & Novak, N.** (2006). "Histamin und Histaminintoleranz." *Deutsche Zeitschrift für klinische Forschung,* 114(12), 21-25. Ein wissenschaftlicher Artikel, der die physiologischen Mechanismen der Histaminintoleranz und deren Auswirkungen auf den menschlichen Körper beschreibt.
4. **Deutsche Gesellschaft für Allergologie und klinische Immunologie (DGAKI).** (2020). *Leitlinien zur Diagnose und Behandlung von Histaminintoleranz.* Verfügbar unter: https://www.dgaki.de. Offizielle Leitlinien für Ärzte und

Gesundheitsdienstleister zur Diagnostik und Behandlung von Histaminintoleranz in Deutschland.

5. **Deutscher Allergie- und Asthmabund e.V. (DAAB)**. (2021). *Ratgeber Histaminintoleranz: Ursachen, Symptome, Diagnose und Therapie*. Verfügbar unter: https://www.daab.de.
Eine Broschüre, die einen umfassenden Überblick über Histaminintoleranz bietet und auf aktuelle wissenschaftliche Erkenntnisse eingeht.

6. **Bergmann, K.-C., & Ring, J.** (Hrsg.). (2020). *Allergologie Handbuch: Diagnose und Therapie von Allergien und Unverträglichkeiten*. Springer-Verlag, Berlin.
Ein Standardwerk der Allergologie, das auch auf Histaminintoleranz eingeht und wertvolle Informationen für medizinische Fachkräfte und Betroffene liefert.

7. **Histaminintoleranz.ch – Schweizerische Interessengemeinschaft Histamin-Intoleranz**. (2022). *Histaminintoleranz verstehen und managen: Ein praktischer Leitfaden*. Verfügbar unter: https://www.histaminintoleranz.ch.
Eine umfassende Informationsquelle, die auf dem neuesten Stand der Forschung ist und praktische Hinweise für den Alltag mit Histaminintoleranz bietet.